我在
西伯利亞的
監獄

尤安・巴爾貝羅 Yoann Barbereau 著
范兆延 譯

致台灣讀者序——

島嶼之間

有人告訴我這篇序文要在一座島上刊出，有人告訴我台灣有間出版社要出版《我在西伯利亞的監獄》的譯本。

於是，我開始神遊。

一如我熟悉的那些作家，帶著不安和雀躍，我夢見了島嶼。我想起我的導師契訶夫。他穿越西伯利亞和俄國遠東地區，前往他的夢境，奔赴同是苦牢的一場噩夢：庫頁島；他在島上執筆書寫。

在苦窯裡，在島嶼上，我們書寫。我們孤單茫然，與大陸隔絕。我們自成一座孤島，我們自我解離，我們帶著雀躍脫離大陸；我們是一座流離的島嶼。或者，我們化為岩漿，從卑下的深處向上竄升。我們爆發，我們冷卻，然後我們浮現於海面上；我們是一座火山島。書寫之人或許就是這兩種島嶼異想天開的綜合體，既是脫離大陸的板塊，也是劃破海面的土地。

此時此刻，我夢見了台灣島。在我的夢中，它自由無憂，倨傲不屈。窗外，我看見了山脊和茫茫雲海，好像是玉山。我登頂，海拔三千九百五十二公尺。從我在玉山主峰上的寫字檯，我看見了初落的新雪。

有位女性友人告訴我，台北到處都是書店咖啡廳，其中有一間甚至是二十四小時不打烊。病毒不允許在我夢見的島嶼上流竄，但是書本卻無處不在。人們啜飲，人們閱讀，人們彼此分享展讀深刻作品的樂趣，人們深悉文字的力量。

我寫下《我在西伯利亞的監獄》，因為我認同台灣奉行的理念。我相信文學是一種武器，可用於傾訴愛情和牢籠，用於訴說動人的兄弟情誼，用於表達天經地義的自由。我們用它來拌製一鍋融合酸甜苦辣與思維見解的玄幻羹湯。唯有嚴肅看待寫作，才能真正明白人間的苦難和美麗，領會穿插於熱烈生命中的荒謬碎片。

我不覺得自己完成了一本小說或詩歌，但我很希望各位在閱讀本書的過程中，可以聽見一首詩曲或是一篇故事。我沒有杜撰任何情節；文學有時無須費心想像。

我道出的故事，訴說我在俄羅斯遭遇生平最快樂的時光、最瘋狂的愛情、最椎心的痛楚。我同時也待過西伯利亞的監獄和精神病院。我逃了出來，我亡命奔走，最後被軟禁在一間大使館裡。然後，我穿越沼澤，冒著生命的危險；我因孤狼現身眼前小徑而在森林中雀躍。這一切千真萬確卻又無關緊要。我曾活在一則小說或是寓言裡，而我仍生活在一則寓言或是小說裡，有時我會將它們寫下來，這才最重要的事。

今天，從法國外海一座布列塔尼的島嶼上，從我費心修葺的城堡裡，我神遊台灣島。我將這些字句送往我擺設好寫字檯的玉山，我知道它在遠方等我，在一片雲海的深處。

此刻，我想起那位真實存在的女主角，她在陪我亡命一段路的途中說了一句話，當時我們正走在一片泰加林裡，我們不再畏懼，一派自在灑脫。她說：「生命就是一路風光明媚的崎嶇險阻。」

獻給囚徒
獻給瘋子
獻給為我挺身而出的人士
獻給狼群和貝湖油魚

目錄

1

序幕：貝加爾湖症候群

俄羅斯有一首家喻戶曉的歌謠，
傳唱一位逃犯的心情。
他閃過了子彈，躲過了森林裡的野獸。
他乘著木桶在一座美麗的湖泊上漂流。
歌曲的開頭有點像是異教徒的讚美歌：
「哦，榮耀之海；哦，神聖的貝加爾湖！」

奇怪，有人在我囚徒的腦袋裡窸窣低語。

那聲音說：

「可是他還不知道，凡是無法感覺霜凍爬上皮膚的人，只能算是半個男人。」

這句話有些生硬、有些刻板，充滿教訓的口吻，但那天從亞歷山大嘴裡說出來卻十分得體，如晨鐘暮鼓。我們在湖邊，在一間像是電影場景的小木屋裡。室外溫度：攝氏零下四十一度。火爐毫無節制地暖著身子，我大汗淋漓。

我精神很好，維克多在銀杯裡為我斟上些許伏特加，那是他很得意的酒器。亞歷山大婉拒勸酒。當時有小木屋，有火爐旁堆疊整齊的柴薪，幾點星火，木頭和魚的氣味，小酒杯，還有把我們框住的窗扇。在結冰的峭壁、森林和湖泊圍繞下，我們品味到一種世外桃源的幸福滋味。此處無路，步行十個鐘頭也不會見到生人蹤跡。霜凍在此刻成了話題，我記得很清楚。亞歷山大臉色緋紅，但剔透字句從他灰白的鬚髯中吐露而出。我從牢房深處仍舊清晰可聞。

「霜凍經驗是種挑戰，考驗一個男人對存在的認識。」

我們已經準備就緒。在吃下最後幾塊燻魚後，三名堅定的莊稼漢向湖邊走去，直至貝加爾冰湖上。天空是無瑕的蔚藍，天光經過精細調整，這天時地利的景象讓我們此次遠征如磅礡大戲，小銀杯烈酒無疑也有它們的功勞。

但最該提的，是這一片湖泊。

在西伯利亞，當水氣充足，氣溫極低的時候，可以看到空氣中出現像鑽石閃爍的粉塵。我們身邊平時看不見的水氣，此刻轉變為無邊無際的冰晶。世界閃閃生輝，某樣東西釋放了自己，想要將我們團團圍住。

有時連語言也會凍結，就稱它為貝加爾湖症候群吧。話語蒸發，漸漸凝結如冰，在任何地方任何時候，都可以觀察到這種現象。這就是它細緻入微的地方──冰在任何氣候條件下都可能出現。我們可以選擇面對或是逃避，但你我有一天終會是貝加爾湖的玩物，我願意這樣相信。

我們走在湖面上，身體任憑它擺布，並隨著爽朗的笑聲，還有薩滿友人贈與我的一面羯鼓搖擺。我左手拿著這件在落羽松木架縫上山羊皮製成的法器，右手則是一根裝飾狼毛皮的鼓棒；一行人跳著舞，我擊鼓應和。靠近湖岸的地方，可以清楚看見腳下布滿岩石的湖底，能見度深達十到二十公尺，隨後湖冰便失去它不尋常的透明度，質地變得渾濁，沒多久就只能看到黑暗湖底下交錯的裂隙，其間散落著凍結的白色氣泡柱。有時可以聽見低沉的爆裂音，像是胃納裡貪婪放肆的咕嚕聲。這些聲音提醒我們，在這冰湖下方有個難纏的巨物，隨時可能會被我們的手舞足蹈給激怒。

「世界上最大的溜冰場！」維克多一邊喊一邊支起單腳滑冰。我曾在某處讀到這座溜冰場有比利時這麼大。我們幾乎與世隔絕，遠離塵世的喧囂。三個人好不容易來到維克多早上用電鋸開挖出來的洞口，這傢伙心血來潮，竟然將洞挖在距離湖岸一公里多的地方。為了忠於美、忠於靈魂、忠於傳統，他用湖冰雕出一枚東正教十字架，並將它立在洞口旁邊。

當字句就要結成冰霜的那一刻，我目睹空氣中飄著無邊無盡的冰晶粉塵，看見同行夥伴臉部四周泛出暈輪，甚至可以說是醒目的一圈光環。我明白了，這地方同意我們來訪，湖泊賜予我們聖光，但也可能在下一秒吞噬我們。不過此刻，我們是取代聖者的替身丑角。喃喃吐露的話語在凝為靜默的冰霜之前，說著我們或多或少都是瘋子。

當天是一月十九日。

每年這個時候，俄羅斯各地都會慶祝基督在約旦河受洗。人們會在結冰的溪流、河水和湖面上鑿出洞口，潛入水中來回三次，達到淨化自我的目的，認為此舉可以洗滌一切重獲新生。宗教主管機關長年訓誡不絕，民眾卻聽不進去，那些話語指出這種傳統是如假包換的無稽之談、異端邪說，甚至嚴厲批評是魔鬼崇拜。話雖如此，卻可看到東正教神父在救生員和主辦單位的陪同下，匆忙趕到洞口邊緣，主動賜福江河湖水。有些人對此譴責，但態度也不算堅決。教會抱持懷疑立場，異端人士則擁護他們心中的這個「傳統」，其他人則把它當作趣味運動加以維護。結果在難以區分彼此的人潮中，同時出現了無神論者、賣藝人士、體育健將和虔誠信徒。沒人在乎自己潛入冰水是出於虔誠東正教徒的身分，還是一名不信神的蠻夷之徒。這樣是最好不過了。

我們遠離人群，用自己的方式參與節慶。維克多一臉嚴肅，幾乎是行禮如儀。他脫下衣服，在胸前比劃十字。「大家慢慢來，小心不要滑到冰層底下，不然之後就很難再找到出口……」他一浸入水中，嘴巴就開始扭曲，面目十分猙獰。就這樣，他沒入了水中三次，然後比劃十字。「你現在就給我上來！」亞歷山大對他呵斥著，「別在那裡耍寶！在這樣的湖水裡，你的壽命是以分鐘為單位。」維克多這才浮出水面：「你老愛在那裡大驚小怪，人才不會這麼快就葛屁，至少我不是。」亞歷山大回他：「不用十分鐘，你就得在地上撿手指了。」我曾經請教過一位醫生，他說就算是最耐凍的人，最多也只能捱過一個鐘頭。

接著，亞歷山大脫去衣物潛入水中，神情目瞪口呆。他爬出洞口，看見天空有隻金鵰飛過，大叫一聲。有人告訴他這個季節裡沒有金鵰，但是他看到了。輪到我下水。我依樣畫葫蘆。攝氏零度的水溫只是第一階段，初步的暖身，真正銘心的體驗是在爬出洞口的時候。維克多隨身攜帶的小溫度計，此刻的讀數是攝氏零下四十四度。

寒冷與霜凍是兩個不同的世界。維克多對此總能滔滔不絕，並自有一番道理，可以簡化如下：兇狠、殘忍和極端，是霜凍的境界。固然有一般人都很熟悉的「中度」霜凍，但是真正的霜凍都是從攝氏零下十二度開始，也就是所謂的「實質」霜凍。到達攝氏零下二十五度時，霜凍轉趨劇烈，你可以感覺到冰晶在鼻孔裡嬉戲。在零下三十五度左右時，則稱為「嚴重」或「嚴峻」霜凍，可將皮膚燒灼成黑褐色。「極端」霜凍發生在零下四十四度，伴隨而來的是截然不同的呼吸方式。

最後，我就是在攝氏零下四十四度的時候爬出了洞口。

一瞬間，我感覺肩膀上有冰晶形成，腳掌和腳趾堅硬如石，與身體的其他部位幾乎沒有連結。眼眶裡噙著舉棋不定的淚水，永無止境地一會兒凍結一會兒融化。我的手指頭無法動彈，血液回流到維生的臟器；無法重新穿好衣服，兩隻手完全抓不住長褲和襪子。這一幕既滑稽又動人。我呼叫亞歷山大前來搭救；在分泌旺盛的胰島素催化下，我重新感受到暖意，卻無從得知話語去了哪裡——在冰裡、湖底或是其他地方。其實，在哪兒都不重要，去他的詞不達意。我們就這麼一路笑鬧踏上歸途。此時天光明媚，歡聲笑語，我們的快樂跟隨一行人的腳步在冰湖上滑行。

這世界很簡單。在我面前，是暖心渺小的人性，是令人心碎的人性。

我就是為此而來到西伯利亞——當時，我真的這麼以為。

2 ／ 逮捕

我第一次讀到索忍尼辛的作品是在祖父家裡，他的《古拉格群島》和其他歷史書籍擺在一起。

當時我二十歲，來到羅亞爾河畔幫忙採收葡萄。我帶著書離開，再也沒有歸還。

我記得第一章的戲劇反差令我感到震驚，內容描述作者遭到專橫對待時的天真反應。

其中有這樣一句話：

「無言以對，你只能無─言─以─對，除了像是羔羊般哀叫：『我？為什麼？』」

還有：

「絕望之中，你眼前還閃爍著斑駁的月光，就像是玩具一樣：

『一定是搞錯了！我們得把事情給弄清楚！』」

我當時二十歲，還很天真，不明白是什麼意思。

三週後，二月十一日，一個星期三。稱職的冬陽高掛，攝氏零下二十度，氣溫重新回暖。上午九點，我已經回到市區。五歲的狄安娜在一碗牛奶中打撈沉浮的小圓球。她向我遞出手中的湯匙，要我吃點東西。

「爸比，你要吃我的麥片嗎？它們非常非常好吃哦……」

我們等待瑪歌從七千公里外的巴黎返家。

一隻黑如煤灰的巨貓癱在沙發上，像蘇丹也像是個寵妾。牠名叫比希莫特，正在撒嬌獻媚，一邊玩弄自己過長的鬍鬚，一邊公然嘲笑我的奇裝異服：那是我睡覺的衣著。當天早上是一件紅色T恤，一位熱衷紋章學的友人送我的禮物，胸前有一隻描繪細膩的雙頭生物：它一身黑羽，執著武器，張著鳥嘴，戴著金冠；左邊是鷹首，右邊是雞首，一隻腳踩著一把大刀，另一隻腳踏著像是筆桿的權杖。這圖案來自一個不知名的帝國，我喜歡這枚一文不名的徽飾。

稍加留意就可以發現紋章逗趣的地方。側面呈現的鷹首和雞首分別吐出誇張的舌頭，張狂的首級下方共用一個軀體，展示著肌肉、利爪和玩物。冠冕像是頂可笑的帽子，令人感到不舒服。突然間，你會發現這隻雙頭怪正在求救。它雙腳僵直，似乎遭到折磨，也許是被石化或是被電擊，活像是一隻準備被拔毛的家禽。

計程車載著瑪歌抵達時，我迅速穿上靴子，戴上皮草帽（一邊護耳固定在帽子上，另一邊則垂掛下來），一身慢跑長褲奔下樓梯，上半身還是那件雙頭珍禽T恤。我像極了蘇聯喜劇裡被觀眾狂噓的主角，比希莫特對我的揶揄完全有所根據——當我和鏡中的自己錯身時，心裡這麼想。

我打開車門，匆匆輕吻了一下瑪歌，接著從後車廂搬出兩只沉重的行李箱，同樣一鼓作氣奔上樓去。我爬上四樓時已經氣喘吁吁，開門見到狄安娜正在哼唱歌曲。我將兩只行李留在門廳，當下心想這又何必，就算我衣衫不整，就算外頭很冷，就算我和瑪歌之間相敬如冰，我告訴自己，我真傻，我應該把她抱入懷裡。真是的。是啊，我要用雙手擁抱瑪歌，我盤算著，也許還一邊喃喃自語，然後放下了行李。

這時，她在叫我，聲音不太對勁。

妳的聲音怪怪的，瑪歌。

我轉身，看見眼前有兩名男子——這是怎麼回事？我擋住他們的去路，狄安娜在我身後。他們一把抓著我，很不客氣地將我推出公寓。

「爸比！……爸……」

幾秒之內，我就被推到走廊，壓制在牆上，雙手在身後被上銬。我回頭一看，大概有八到十個人在現場，有些人蒙著面。其中一位負責拍攝畫面，幾天後影片就會在當地的電視台播放。奇怪的是，沒人注意到一隻被激怒的貓在林立的人腿之間穿梭，一隻豬一樣大的肥貓，牠一邊請大家讓讓一邊口出惡言。

我問：「你們是什麼人？」一個沙啞的聲音回答：「這不重要。」另一位很得意地說：「你怕了嗎？」我說：「當然怕啊。你們是誰？」對方回答：「這個我們之後再說。」

有人拿來我的外套。他們把手銬鬆開，把我壓在牆上，抓著我的胳膊。我是個提線木偶，任人操控，放任他們為我穿衣。一只黑布袋在他們手中傳遞，最後落在我的頭上。手銬重新扣回手腕。我盲目地走下樓梯，由他們引導並被緊緊抓牢，兩側有力的臂膀幾乎讓我騰空。他們將我帶上車，車側踏板很高，我猜是一輛廂型車。

我喘不過氣。沉默是最好的選擇，其實也是唯一的選擇。布袋讓我很難恢復正常呼吸。我想要弄清楚，我是被一群黑道綁架？還是被條子逮捕？可是他們沒有人穿制服。

一定是搞錯了……我們得把事情給弄清楚！

我沒能留意到任何線索，連一丁點也沒有。這些蒙面人有點像是特種部隊成員，我開始胡思亂想。特種部隊，衝著我來？為什麼是我？沒道理啊。

我究竟在這場鬧劇裡做什麼？他們要帶我到森林裡給我一點教訓？為了要處決我？但是為什麼？是打著什麼過時的宗教旗號？以什麼崇高的利益為名？不然就是一起綁架案？他們要求贖金？不太可能。難道我真幹了什麼天大的蠢事？沒錯，天大的蠢事、要命的蠢事。一定是的，我真是個白痴，真是個白痴！但究竟是什麼蠢事？最近我得罪了誰嗎？……沒有啊，某個政要？不可能，就算有，我也想不出是誰。

一定是搞錯了，我們得把事情給弄清楚！

真是麻煩大了！……那狄安娜呢？狄安娜，狄安娜。可惡，不要分心。還有比希莫特？也許牠還跟著我，牠一定在車上，可是我感覺不到牠。

為什麼？我一定是在某個時候幹了傻事。但是在什麼時候？什麼地方？還有瑪歌。瑪歌，當我被強行帶走的時候，怎麼沒有看見妳？當時妳在我身後，跟著我。妳在哪裡，瑪歌？發生了什麼事？我真是個白痴，麻煩大了！……我到底是做了什麼才招惹到這些混蛋？一群有組織的混蛋。

3 ／ 入獄

我曾聽人說過這句俄國諺語，
但從沒想過它會應驗在我身上：
「你我有一天都可能淪落監獄或是街頭。」

我本來可以成為百萬富翁，坐擁泳池和海景，但是我現在麻煩大了，去你媽的！

奇怪，我的腦海裡突然冒出某首歌的歌詞。

這是一趟漫長的旅程，我試著保有對時間的概念。我們上路已經三十分鐘，但這只是我的感覺。車子停下來，此刻我相當平靜，處於夢遊狀態。我知道這將是漫長的一天，放鬆並不是壞事，我這樣告訴自己。我全神貫注。

我回到心中的那座堡壘。

穿過推測是停車場的地方，他們把我推進一棟樓裡，先後經過兩道門，爬了三層樓，最後我被強押坐上一張椅子。審訊開始。我仍然蒙著面，手銬壓迫我的手腕，我明白這是間陰暗的小房間。某處有柵欄緩緩的嘎吱聲，一個低沉的嗓音要我認罪。我支吾其詞，帶著沒有任何幫助的哀求。更糟的是，我假裝自己的俄文很差，隨即招來一陣拳打腳踢。

於是我答應配合，但只是想要安撫這群惡霸。不過，我又能坦白什麼？他們得幫我才行……他們再次語帶威脅，然後又是一陣痛打。

我對自己胸有成竹，心想自己還能挺下去。接著，遭到暴打的腦袋一陣空白。他們朝著我的太陽穴痛打施暴，變本加厲的力道讓我的頭骨幾乎炸裂。我的身體就要陷入昏厥，最後嘔出幾滴膽汁。

我現在麻煩大了，去你媽的！

他們先把我晾在一旁，然後再回來繼續拷問。事態大致底定，這伎倆持續了好幾個鐘頭。我想自己適用於「一般費率」，也就是條子和特務自知可以任意妄為時，對受刑者所祭出的痛打：雖執行刑求卻又不違反規定，也就是不會留下痕跡，至少不是太醒目的痕跡。

在我舒適安穩的夢遊狀態深處，我明白他們自有辦法慢慢擊垮我。他們十分賣力，試圖動搖我的意志力，我心想，一切按部就班在進行。

接著他們感到厭倦，或者應該說他們進入下一個階段。

他們拿掉我頭上的黑布袋，我恢復了視力。他們出示了一些照片，我認得其中幾張，都是屬於我的照片，不過我的雙眼過了一段時間才適應光線。我真的不敢置信，眼前這些傢伙全是一副說不出的滑稽德行。一名痴肥大漢咧嘴而笑，淌下大顆汗珠；剛才是他負責盤問，我認得他的聲音。他打量我，同時調整笑容，以匹配我這個毫無價值的傀儡。他的左眼珠很黑，右眼珠是綠色的（千真萬確），咧開的大嘴露出幾顆金牙。第二名男子戴著尺寸袖珍的圓眼鏡，一副痴傻模樣，專門負責記錄和咆哮，這就是他的職責。他的身高應該超過兩百公分，雙肩卻出奇地狹窄。我的目光長時間停留在他嘴角發亮的一點口涎。他叨絮的雙唇不斷蠕動，讓他活像是一尾石斑魚。第三個傢伙在我身邊，就算他戴著面罩，我也可以想見他的德行和見獵心喜的雙眼；一頭興奮的野獸。很明顯，他就是動手的那個人。

這支令人發噱的隊伍總算提供我一些線索；他們要我承認自己是戀童癖。戀童癖。

事態加速進展。我表達抗議。沒用，我明白了，身敗名裂的凌遲就此展開。我只聽得懂一些片段：「……兒童色情……變態的歐洲人……主任，我呸！……你最好乖乖合作，老老實實……」

高瘦的傢伙喜孜孜地翻閱《刑法》：「……散布色情內容……十四歲以下的未成年人……使用大眾媒體……旨在反社會並無視普遍接受的道德規範……十年、十五年有期徒刑……」

情況完全出乎我意料之外。我反駁，為自己辯護，他們卻變本加厲。我可能強暴了自己的女兒，他們有理由這麼懷疑。「是你拍下她的這張裸照嗎？」粗魯的胖傢伙態度強硬，「你最好從實招來。只要你承認自己幹下了這些好事，我們還可以想想辦法。」

凡淪落至此之人，請放下一切常理判斷。

沒錯，就是有人想要我的人頭，而且無所不用其極。在這拙劣卻又天衣無縫的手法背後，有個意志堅決的藏鏡人。這不是恐嚇、也不是勒索。沒有挽回的可能，他們讓我看得一清二楚，而且這是來自高層的授意，自然不留餘地。我會栽在他們手裡。

我是真的栽在他們的手裡了。

不過，我仍持續以毫無殺傷力的抗議來回應一連串的訊問：

「這張照片裡是你老婆正在搓揉她的小鮑鮑嗎？哈哈！把它放在網路上真夠變態的不是嗎？……哈哈！」

「可是……我從來沒……」

「所以這是變魔術囉？……」

「可是……」

「少囉嗦，我們掌握了所有的證據。」

「……」

「這是你的ＩＰ位置。」

「……」

「是從你家上傳到journaldesmamans.ru網站。」

「可是，這太荒謬了，我為什麼要這麼做？」

「可能是一個不小心？欸，這張也是在搓鮑鮑，哈哈！你自己看。」

「你們在開玩笑吧？很明顯是有人偷走了這些照片，可是……」

「給我閉嘴！那這上面的另一個女人是誰？你也上了她嗎？」

「可是……我究竟犯了什麼罪？」

「在網路上散布色情內容。」

「可是……」

「還有兒童色情內容，提醒你！看清楚！……哎呀，你這個死變態！……你老婆是不是很會吹喇叭啊？」

「等一下，這是什麼？」

「專家說是小朋友腫脹的肛門。」

「專家？……什麼？……」

「哎呀，到時候上法庭可就麻煩了，老兄。話說，這是你的老二嗎？我們沒辦法確認還真是困擾。還有這張照片也是，你看。坦白說，你還真像個死玻璃，看仔細！給我看仔細！」

我現在身陷在一個完美的泥淖當中。

「死玻璃？」我說，「不好意思，您的意思是吸老二的男人沒錯吧？一個男人把老二插進他的屁股裡，我沒聽錯吧？」

眾人哄堂大笑。我嘗試運用一些老把戲，出其不意與這群人渣熱絡起來；我的口音幫了我一把。

「各位搞錯了！我對從後面來可沒有興趣。」

一夥人面露驚訝，但還沒有誇張到被嚇著的地步。我只是個被綁在椅子上的傢伙，一件任人擺布的玩物，但此時出現了一個虛幻的小破口，任何就要被輾壓的小動物都會急忙撲上前去。在語出天真的片刻，我以為自己可以全身而退。從合乎規定的拳腳相向，到男人這個我自認熟悉的物種之間的戲謔玩笑，有時僅有一線之隔，我心底的小天使告訴我說：一切都還有轉圜的餘地。

二十一世紀初期，凡是在俄羅斯生活過的人，無論是初期或是稍早之前，很久之前又或許是很久以後，都會發現自己經歷過這些既離奇卻又在意料之中的情況。那是當警察暗示——是的，只要幾張鈔票就可以搞定，讓遊客可以順利繼續他的旅程；或是當沒完沒了的文書作業瀕臨失控，演變成無論果戈理或卡夫卡作品中都不曾出現的情況；那是當我們面對一群被困在縝密卻又反常邏輯裡的傀儡、囚徒，如此荒誕、如此能幹、如此頑固，就連貝克特筆下的人物都顯得平淡無奇；又或是當這場瘋狂民間傳說的所有元素全數到齊——荒誕的行政文書、笨拙又貪婪的警察、脫離現實的小主管、醉醺醺又創意十足的銀行出納、玩笑話、惡作劇和小把戲——聯手造就此類情況。於是，在漫長的幾個星期、幾個月甚至是幾年裡，它們被編成了家喻戶曉的奇譚，像是寓言故事、烹飪食譜或是暴風雨來襲時的精神食糧，在朋友之間一再重複，相互傳頌。

我曾經目睹和經歷這一切。就算這次的遭遇屬於另一個境界，就算我明白自己早已經越過界線——一邊是貪腐和小奸小惡，另一邊則是貨真價實的毀滅機器——但此時此刻，就在執行上級命令的這幫人開懷大笑之際，我仍相信自己有辦法重返界線的另一邊。

一切都會沒事的。

哄笑結束之後，他們仍一再提醒我最好乖乖合作。我被帶上車，蒙著雙眼，前往另一棟大樓。官方程序已經啟動，眼前換了一批新面孔。調查負責人登場，我立刻想起一位喜劇演員：金色捲髮，舉止憨拙，姑且叫他皮耶・理查。俎上肉已經搥軟，上頭指派小理查過來，準備好驗收今天早上熱身的結果。但現在主打的是所謂的法律牌：正式的訊問筆錄、證人、通譯和公設辯護人；一切準備就緒。我無力阻止這齣為我而寫的卑劣戲碼持續上演。他們禁止我和外界的一切聯繫。

二月十一日當天，我坐在西伯利亞的一間警察局裡，時間大概是下午兩三點，還沒有飢餓的感覺。我面對辦案負責人，手銬在腕間留下越來越深的痕跡。蒙面打手持續監視我，從一開始搧我耳光到現在，他從沒離開過。他搭起了一座橋梁，連接今天上午沒有證人、沒有紀錄在案的地下世界，以及在我眼前稱職上演、有目共睹的「法治」世界。帶著面罩的他是唯一一個有辦法穿梭兩個世界的人。

我徒勞地抵抗，像是化身砂礫要阻擋這個國家機器，但最後被機器逮個正著，頭部重重挨了幾拳。我必須認清現實，認命地投降。有一瞬間，我聽見走廊上有瑪歌的聲音，還有狄安娜用俄語問：「爸比在哪裡？爸比在哪裡？爸比在哪裡？」我想要大喊，提醒瑪歌要當心，告訴她我遭人陷害，俄國安全局盯上了我，告訴她盡可能保持沉默。

盡可能保持沉默，俄國安全局盯上了我們，妳聽見了嗎，瑪歌？什麼都不要說。

我沒有開口。我心底有個人在吶喊，但是我沒有開口，因為瑪歌很清楚，她跟我一樣心知肚明，這不須我費心。而且也大可不必讓狄安娜再受到驚嚇，憑白驚動身旁這個逮到機會就理直氣壯咬上來的蒙面看門狗。

當晚，運轉良好的機器持續開機。羈押的時間不斷延長，我被安排入住一間骯髒的水泥牢房，沒有窗戶，角落裡有個滿足根本需求的屎坑。外面有狗在吠叫。一位開朗的守衛引導我，他很開心可以遇到法國人。在我脫衣接受例行搜身時，他對我背上的淤血感到擔心，決定把這件事記錄在日誌裡。那群打手就算再怎麼小心，還是留下了一些痕跡。

「我要記下來，雖然不是很明顯，但是我可不想被投訴，以防萬一……」

我笑了笑。這個男人很親切，他過分多禮地提供我床墊和床單。我身在一個完人體系，其中的每個人都戒慎恐懼，看似親切的表象背後都是「以防萬一」。因為他們很清楚在某些情況下、在碰到某些人的時候，情勢可能突然就會對他們不利，於是養成了謹慎的文化、友好的表象。他們可以和藹可親，但這並不妨礙他們認真甩動警棍把人給打個稀巴爛。

跟我同室的有一位虛弱的結核病患者，還有一位散發不尋常善意的小個子硬漢；他打著赤膊，遞給我一根菸。他是這裡的常客，兩側鎖骨上的八芒星刺青說明了他在幫派位居要職。情勢的發展遠在我意料之外。我有些寡言，一夜淺眠。

第二天，與精神奕奕的皮耶．理查再次碰面之後，我上法庭報到。我沒有等太久，訴訟程序無可挑剔。正式開庭，每個人稱職地各安其位。法庭很小，擺滿了傢俱和椅子，現場一盞突兀大燈引起我的注意，原來是為了殺死結核桿菌——法庭通譯向我說明。根據訴訟準則，我待在被告籠裡，面對一位肥胖的女法官。她在聆訊的過程中表現出不耐與煩躁。時間很晚，她想要回家，很可能是接到命令才配合演出這已經不知第幾齣的鬧劇。

我在等妳，瑪歌，我知道妳會現身法庭，對著那位胖法官咆哮，朝低賤的皮耶・理查的制服吐口水，朝代理檢察官的臉上吐口水。妳絕對有這個能耐。妳還會辱罵公設辯護人，踹他的屁股，把他轟到法庭外，說他不過是個金髮魯蛇，沒老二的低能兒。妳一定會這麼說，措詞甚至比這些還難聽。妳不會允許這齣拙劣的猴戲在消毒燈下上演。

然而，沒有咆哮也沒有口水，瑪歌從來沒有出現。

我甚至聽見判決如鍘刀落下：「市民瑪歌・B於昨日庭訊時表示自己和女兒身處險境，她以證人身分要求當局提供保護，並關押她具有威脅的丈夫尤安・B。」

夜幕初下，我抵達伊爾庫茨克的中央監獄。首先接受了一個不知所謂的心理測驗，這應該是為了判斷當事人是否有自殺傾向。在提供排序的顏色中，我將粉紅色放在第一位，黑色放在最後面，可以猜想這樣就是不容置疑的樂觀表現。結果，我通過測驗並展現出優異的心理健康特質，但獄方還是沒收了我的皮帶和鞋帶。他們將我的外套割開，取下上頭任何可以作為繩索或細繩的部分，同時檢查我的鞋子，然後在我脫光衣服之後，檢查我身上的每一吋皺褶。

我重新穿好了衣服。

從早上被逮捕到現在，我一直穿著同一件T恤，上頭紋章圖案的逗趣面貌在這種地方的笑果更是十足。

一切都會平安無事。

獄卒們興高采烈，動手幫我剃頭。

「好極了，來了一個真正的法國人！你現在的樣子帥多了，你瞧……」

好極了。

獄方按規定幫我拍了照片，按了我的指紋。

我被帶去洗冷水澡，他們發給我一塊淺棕色的肥皂。我天真地開口索取浴巾。

再一次，我又重新穿上衣服。

他們往我手中塞了一包迎賓禮：床單、鋁製的湯碗和湯匙、一捲衛生紙。

一名愛說笑的守衛領著我穿越好幾道門和柵欄，穿過數條浸在芥末黃燈光下的長廊。這地方真大。經過幾次停歇和獄卒間的閒聊，我手中的禮包又多了獄方加贈的新禮物：一枝牙刷、一管牙膏、一塊肥皂和一把奇特的鈍剃刀。

在毫無準備的情況下遭到逮捕，我是個沒有攜帶個人物品就入獄的囚徒。

4 ／ 三姐妹

來自哥薩克的女性友人經常引述康斯坦丁·巴丘什科夫的詩句：

「哦！心的記憶！
你比悲傷的理智記憶還要深刻。
你的可愛與溫柔經常會在
地處遙遠的國度裡清楚浮現。」

聽說這世上沒有偶然，也許我終於找到了我來俄羅斯追尋的東西？我在牢房裡佔據一席之地，這也是一種冊封——這是我後來想到的詞，不免有些驕傲和自嘲的意味。我算是功德圓滿，和這片風土融為一體。我成了一個和其他人一樣的農民，一群農民之中的一個農民；一個可以和其他農民一樣被任意地關進牢裡的農民。

總之，我融入的過程已經完成，我可以感到自豪。

是的，這樣的想法閃過我腦海，但真相是：我感到不安。所有事證都顯示瑪歌也參與其中，甚至可能是她一手構思和策劃。身敗名裂的過程註定是漫長的凌遲，度日如年而且極為痛苦。

我和俄羅斯的戀情擁有一個美好開端。那是在二十一世紀初，它剛從一九九〇年代的紛擾中劫後餘生，而我剛走出了青春期。因緣際會，我在烈日當空時來到了哥薩克之鄉，頓河畔羅斯托夫。這一趟不是旅行，而是為了在他方安身立命一段時間。遠離偏執和常規，建立一處營地，逃離身陷的僵局，同時自尋新的僵局；這是個令人振奮的練習，我心想。我不識西里爾字母，一切似乎都有可能。

我眼中的俄羅斯仍然是個帝國，一條源遠流長的江河，孕育出良醫契訶夫、列寧和史達林、卡拉什尼科夫和加加林之流。它是哲學家之友女皇凱薩琳二世，是印在紀念郵票上以側面示人的太空犬萊卡，是決鬥詩人萊蒙托夫與普希金；它是瑪麗亞・博爾孔斯卡婭公主，是沙皇恐怖伊凡的怒目，是格里戈里・拉斯普丁的雙眼，是亞歷山大・索忍尼辛的長鬍髯；它是我的童年，瑟居女爵，又名羅斯托普奇納，是瑪琳娜・茨維塔耶娃，是被圍困於列寧格勒的安娜・阿赫瑪托娃，是戴著布爾什維克扁帽的鮑里斯・帕斯捷爾納克，是頭戴瓜皮帽的奧西普・曼德爾斯塔姆；它是瓦西里・格羅斯曼，是探望克魯泡特金同志的愛瑪・戈德曼，是被絞死的埃塞寧，是米歇爾・巴庫寧、米哈伊爾・巴赫金、米哈伊爾・喬洛霍夫；它更是魔鬼般的布爾加科夫，是瓦爾拉姆・薩拉莫夫的地獄，是列夫・契斯托夫，是打網球的弗拉基米爾・納布可夫，寫下遺書的弗拉基米爾・馬雅可夫斯基，是馬克西姆・高爾基、約瑟夫・布羅茨基，以及費奧多爾・杜斯妥也夫斯基——我差點把他忘了。還有穿著農民衣衫的列夫・托爾斯泰——我對他的關注不如尼古拉・果戈里，也不如良醫契訶夫。

我初到羅斯托夫時，心中想的就是這群鳥兒；除了他們之外，還有其他的鳥兒：一小群文士卻能在短短光景把俄羅斯文學建構成一個帝國。它暴戾的輝煌，笑中帶淚的上乘幽默，熱烈入迷的狂喜和毫無節制的脆弱，宛如魔法加持，紛紛跨越了翻譯的隔閡。

我準備好和他們正面交鋒。

這不是電影，卻在我眼前重新上演，內心的激動再度湧現。我想自己從未像在頓河畔羅斯托夫那樣開心過。壯闊的頓河流向亞速海，那是幸福的許諾。我連一句俄文都不會，本以為只能等著吃苦頭，至少在剛開始的時候，至少得吃了那麼一點苦。然而一抵達機場，歐嘉・謝爾蓋耶夫納沒給我任何機會；從我抵達開始，她就負責打點一切。她揮手驅趕準備坑殺遊客的成群計程車司機，把我帶到了她妹妹瑪莎的家裡，么妹伊琳娜沒多久就和我們碰頭。

歐嘉已經到了退休的年紀，年金少得可憐。她和許多退休老人一樣，仍持續工作不輟。她每週在大學任教三十個小時，薪資十分微薄，於是和其他老師一樣，開了家教課來補足缺口，每週三十個鐘頭。

我們之間四十歲的差距毫不構成阻礙：我成了她的密友，她成了我的知己。

我總是不期而至，歐嘉會客氣地打發學生，然後展開我們之間的長談。一邊啜飲濃黑的紅茶、蘇聯的香檳或是達吉斯坦的干邑，端看時間的早晚和興致。多少個不眠的夜晚，我們舉杯酣飲，暢談音樂和詩歌，說起她的孫子，聊到烹調頓河鰲蝦的藝術，還有男女之間的千古誤會，以及法國乳酪的價值和優點。有時，歐嘉會吟誦《尤金・奧涅金》的片段；五千五百二十三行詩句，她全數銘記於心。有時，我們會收看電視播出的蘇聯經典名片。電視機從來不關。有時，我們會對露臉的總統評論一番。普丁當時已經在位，經常在螢光幕上拋頭露面：「哦，gadki Poutionok，」歐嘉・謝爾蓋耶夫納開口，「又是我們這位普丁醜小鴨！今天這張壞嘴裡又要吐出什麼討好的違心之論？」我們經常對法語句法中的特殊現象自尋煩惱並嘗試翻譯，埋首於文法和詞典之中。我們經常對伊琳娜的健康狀況感到憂心；自從丈夫過世之後，她就悶悶不樂而且多愁多慮。

她丈夫有天走過分隔兩人公寓和酒鋪的公園，碰上了一位憤憤不平的士兵，對方像頭猛獸與他狹路相逢。這傢伙剛從車臣回來，為了搶走他手上的酒而刺了他一刀。俐落又凶殘的一刀，伊琳娜表示，是專業的手法。篤定地由上往下，刀刃劃破了右肺、主動脈和心臟。他孤單死去，被人發現時仰躺在地，雙眼忿恨圓睜，嘴唇半開呈O字形，是一具凝結在痛苦和驚愕中的屍體。他身旁摔碎的香檳酒瓶散發酒香；當天是兩人的結婚紀念日。

從那天起，伊琳娜也同樣沉溺在痛苦和驚愕的情緒裡。「我就像是一具孤伶伶的屍體。」她有天笑著對我說，因為她總是帶著笑容。

我在俄國期間經常被感動，特別是和三姐妹長談的時候。俄文裡摻雜著法文，普希金邂逅了莫里哀。這是一場盛大喧鬧的華爾茲，我因而熟記並翻譯了巴丘什科夫的著名詩句，關於心靈記憶的段落。

三姐妹都是寡婦。歐嘉．謝爾蓋耶夫納在一九八〇年代初的一場車禍失去了心愛的小古拉。妹妹瑪莎的丈夫同樣名叫尼古拉，在蘇聯解體時人間蒸發；他沒有死，但跟死了一樣。「我的小古拉被一輛德國車撞死，妳的小古拉隨著柏林圍牆灰飛煙滅；我們註定和這些德國佬沒完沒了！」歐嘉總是在妹妹面前叨唸。一九九〇年代初期的分崩離析拖垮了一群人，許多是科學家、老師、教育家和藝術家。他們無法承受劇變，目睹理想就此終結，然後一夕之間一無所有。薪水沒了，回歸糧票制度，物資缺乏加劇，只能眼睜睜看著權利大亨勾結黑幫，綁架整個國家，建立他們比帝俄時期更可怕的壓迫手段。這些人貪婪嗜血，私人利益凌駕司法正義，資本主義的卑劣行徑逍遙法外，位高權重的全是過去的共黨高層和格別烏特務。是啊，歐嘉厲聲說，這造就了我新俄大國的雄厚資本：騙子、強盜、條子、黑道和高官，全部狼狽為奸！

瑪莎的小古拉無法忍受，但做妻子的也幫不上忙；她無法阻止丈夫的消沉。物理學家小古拉，是表現優異的學者，是她的愛人小古拉，詩人小古拉，但她的小古拉一蹶不振。最後，他離家出走，好讓自己浸在酒癮裡，毀棄他振衰起敝的理想。他變成了一縷幽靈，總是浸在劣質的伏特加裡，就像許多行屍走肉，遊走在這片受到詛咒、不可動搖、集權專制，而今日人們稱之為俄羅斯聯邦的廣闊土地上。我有天在廚房裡撞見他，他當著我的面迅速拿走半條臘腸、一顆番茄，還有桌上的兩片黑麵包，然後同樣快速地消失無蹤，將腫脹的臉藏在兜帽裡。瑪莎給他留了一把鑰匙。她容忍這些小偷小摸的行徑，有時甚至會借錢給他，但之後就再也沒見到他。

瑪莎宅心仁厚，絕不口出惡言，總是盡忠職守，關懷他人。我彷彿聽見她對我說：「尤安奇克，你現在該休息了，祝你好夢，明天見。」

在西伯利亞的黑牢裡，瑪莎的聲音安慰著我，甘美如蜜。

我跟著這群俄國婦女學習，這是預料之中的事；歐嘉、瑪莎、伊琳娜，還有許多人都在教導我。現在我入獄深造，按部就班，一切都依照計畫進行，就像是一本學習俄語的小說，裡頭總有幾個不可或缺的角色。

姐妹三人在教育大學任教，培養未來的法語教師。我也必須在學校裡教授幾個小時的課程，並組成了一個劇團。這裡就和俄國其他地方一樣，多虧了幾位女性教師的決心，法語系才得以屹立至今。

名詩人尼古拉．涅克拉索夫寫下讚美俄國女人的詩句，描述她們能夠擋下奔跑中的馬匹，能夠進入著火的木屋。在俄國，同桌賓客敬酒須遵照一定規矩，即第二輪敬酒必須以女賓為尊。此時男賓們會全數起身，舉杯一飲而盡。某天，在大學一如既往充滿浮誇措詞的晚會上，善心阿塞尼謹遵這項規定，覺得引述涅克拉索夫的詩句很有意義，但歐嘉再也無法忍耐：「沒錯，我們既美麗又能幹，可是他媽的，阿塞尼，你倒是跟我說說看，俄國的男子漢們什麼時候才能解酒清醒，抬頭挺胸地騎在馬上？還有什麼時候他們才要停止放火燒了木屋？他媽的！因為俄國女人受夠了，阿塞尼！受夠了出面阻擋馬匹和滅火！……俄國女人，真他媽的！尤安奇克，把酒倒滿，乾了吧！」

我最親的朋友都叫我尤安奇克；奇克是表示親密的字尾。第一次聽見瑪莎這麼稱呼我時，我心裡十分激動。俄語只要透過前顎擦音和暱稱變化，就能展現它靈活機巧的一面。不過幾個字母的加持，我就有了全然不同的身分。

每次聽到這樣的稱呼，我總開心得像個孩子：尤──安──奇克，或許更接近伊──歐──安──奇克。二合母音像是一波湧浪，推動雙唇凝聚力量，然後張口送出：伊──歐──安──奇克。

這牢裡會有人用小名稱呼我嗎？

5／樹枝的詛咒

「不可能，是我所愛的一切。」

人如其名的因諾肯季・安年斯基寫道。

在描寫愛情各種面貌的女詩人瑪琳娜・茨維塔耶娃的作品中，我讀到了這句話。

該怎麼描述瑪歌，從這處或許是她令我身陷其中的牢籠？我必須把事情看清楚。

在寫下這些字句的時候，我並不完全是在西伯利亞的監獄裡，然而我卻不曾離開過。唯有寫下最後一個字，將它從我的皮膚上採掘下來，然後記載在最後一頁的時候，我才算是自由。

勿喜、勿泣、勿恨，而是諒解。

隨著情況急轉直下，我像持咒般不斷重複這句話。那是守衛在黎明叫我們起床時，我服下的一帖良藥，一種說話前的暖身動作。

Non ridere, non lugere, neque detestari, sed intelligere（勿喜、勿泣、勿恨，而是諒解）。

這些全都來自我哲學課的記憶。

經緯萬端，有千頭萬緒需要整理、爬梳。在這黑牢深處，有些事情必須要弄清楚。我怎麼會被關進西伯利亞伊爾庫茨克的第一中央監獄？瑪歌應該現身說明，而我必須談談瑪歌，必須對我們之間的故事說點什麼。

但問題是，凡是想要記錄愛情的人總會面臨挫敗的風險，可能因此落入長篇大論的陷阱，或是流於憤怒譴責而始終無法看清真相。

我稱它為「樹枝的詛咒」。

一根發育不良的樹枝，經歷了冬季的落葉，在一片廢棄的鹽礦場深處待了數月。人們將它拾起，上頭布滿無數閃閃發光的鹽晶。礦底歲月讓樸素的枝條煥發美麗姿態，讓人認不清它原本的模樣。

人們有時會說愛情的結晶化；將所愛的對象穿上完人的外衣，既華麗又虛幻。

但卻鮮少有人提到這種奇特的結晶過程對作家的影響。凡是企圖宣讀自己愛情故事的人，總不免以某種方式落入鹽礦深處，冒著極大的風險。

他拾起地上的一根樹枝，緊緊揣在懷裡。他看不見這根枝條，也感覺不到它，但枝條開始結晶，很快就消失在一層鑽石般的外衣下。他開口，每個吐露的字句都像是謊言、詭辯和假想。當我們像是根作態的小樹枝，滿足於自身的光輝時，該如何傾訴自己的愛情？

運用枝條虛假和盲目的語言所寫就的故事，充斥世界各地的圖書館，就連普遍好發議論的老哲學家也會使用這種語言。這是種詛咒。每個戀人都可以化身成一尊鹽雕，而字句無所遁形，就像情感一樣，在耀眼的結晶外表下成為沉重累贅。

有時這是種哀嘆，你我都曾聽聞或是吐露。那是最後嚥氣時的語言，失落的戀人放不下昔日埋怨：「想我浪費了人生中的這些年，曾經想要了斷性命，還為了一個我不喜歡、也不是我喜歡類型的女人付出摯愛！」

一般的規則是逝去的愛情才能出現在書本裡，但是當愛已逝去，徒留的只有不可靠的話語，缺損的字句。

我不想避重就輕，我不想說謊。

我害怕樹枝，害怕虛假的語言、盲目的語言和死亡的語言，是因為我更害怕自己即將在囚牢裡面對的東西。我害怕某些一再出現的聲音，於是我推諉、拖延，希望這個章節可以在開始之前就劃上句點。或許我就要從夢中醒來？什麼監獄、什麼小說都不存在，狄安娜和瑪歌會在我身邊作伴。

6

／

瑪歌

一九三〇年代，米哈伊爾·布爾加科夫傾注心血完成一本最終要了他性命的著作。
他在描寫書中一段虐心之戀的時候寫下：
「讀者朋友，請跟隨我——我，而不是其他人，你就可以目睹這份愛！」

她的出現像是理所當然。熱浪侵襲羅斯托夫，我有些悶悶不樂，告別哥薩克的時候不遠了。她是舞者也是數學家。那年夏天，我在教課，前來聽課的都是準備前往法國交換一年的學生，瑪歌也是其中之一。

我們之間的開始，原本可以是那過時又老套的情節，那些自古以來將老師和學生撮合在同一張床上的故事。

看吧，看吧，我和她是另一回事，另一回事。

「早在遇見你之前，我就知道是你。」幾個月後她告訴我。「我一直在等你。我不認識你，但是我很清楚，有某個東西提醒了我，不是誰，而是某樣東西；我的愛就要走進這間教室。這是一次赴約，你會出現在那裡，我們會找到彼此，然後相愛。」

我們這對年輕愛侶互訴衷曲。有人說瑪歌不過是想找個人來愛而已，而我剛好也是相同的心境。沒錯，但這是另一回事。我從沒向她提起當時我和她有同樣的感受。那並不是種模糊的預感、無關期望，而是心裡很篤定有個人就要出現。我知道這種說法不合情理的地方，說什麼可以感覺愛情降臨，就在方圓數公里之內，既荒唐又不可靠。但我自己也無法解釋，沒能做出任何定論。我心裡一直有這種身體覺醒的感受，如此清晰卻又難以理解。我想瑪歌也是如此。

然後，事情就發生了。先是以若有似無的輕吻揭開序幕，她的胸部短暫抵在我的胸膛，接著她整個人踮起腳尖，為了攀援或是為了沉溺，其實沒有什麼差別。總之，那是初生之愛剔透的喜悅；在普希金大街的熱烈長談，大膽激情的歡愛，徹夜不眠的飄然，慵懶貪歡的美好早晨。

課後，她來找我，用一個複雜的文法問題當藉口，展開一段她很清楚意在言外的攀談。我提議到學校附近的一間酒吧繼續討論。我們喝了喬治亞葡萄酒，吃了幾口用茄子、乳酪、香草和高加索香料製成的俄式冷盤。我和她很快就聊得非常投機。享用完前菜之後，瑪歌帶我前往一間日本餐廳——至少門口的招牌是這麼寫的。這地方籠罩在紅色燈光裡，說它是妓院、是潛水艇內部，或是古希臘的宴會現場都可以，總之很難有個定見。我們坐在榻榻米上，或是躺在昏暗的燈光裡，吃著生魚片配威士忌和伏特加調酒。有些客人就著巨大水煙，抽著蘋果口味的菸草。幾乎隨處可見的螢幕播送著當紅的ＭＶ。這些光怪陸離的場所在二十一世紀初期的俄羅斯欣欣向榮，我向來對這些地方情有獨鍾。生命的節奏在此拳拳到肉，醉意與喜悅也更加深刻。

我最喜歡的是瑪歌的無拘無束、蠻橫急切的生活態度，似乎一切都無法讓她乖乖就範；無論是在優渥環境中成長的禮教束縛，還是她身邊那群只會出一張嘴的親友。她擁有歷劫歸來的力量，那是兩年前一場幾乎要了她性命的大病。她二十歲，但在我們兩人之中，我是天真的那一個。

瑪歌通曉四種語言，把文字當作是她的武器。在同一句話中，她的嘴裡可以混雜珍珠和精巧的穢語。我們彼此打量許久，溫故而知新，然後她才問我是否隨身攜帶戀人會使用的乳膠小雨衣，有人稱為保險套或衛生套，但她更喜歡小雨衣的說法。她還表示很同情那位困在我褲襠裡的囚徒。

出於取樂和好玩，我們推遲了歡愛的時刻。在戶外，我們第一次親吻彼此。當時我送瑪歌步行返家，她和父母同住。一股力量、一陣癲狂支配著我們，彼此的身體熱烈召喚對方。它們認出了彼此，不斷繁衍增生，我們的每一吻都吻出了一個身體。

最後，她將我推向史坦尼斯拉夫斯基街一一八號的樓梯間，沉重大門在我們身後關上。一隻手伸進她的內褲，另一隻則往上撫摸她的胸部。我愛撫她很長一段時間。她把一件小雨衣遞給我，不發一語，同時直盯著我看。我進入她的身體，她將我緊緊抱住。我們站著達到高潮，倚著牆面緊抱。過程十分匆忙，我們笨手笨腳。這是電光石火點燃的愛苗所面臨的尋常宿命。隔天，我們坦承犯錯，然後重新來過。我們答應彼此，再也不要離開對方。

我的簽證就要到期，不得不在盛夏時節離開羅斯托夫。九月初，瑪歌來巴黎找我，我們住在第十區的奧特維爾街，距離樂園城只有幾公尺遠。

我在戴高樂機場與瑪歌碰面，2C航廈；今天我對機場的每個角落都瞭若指掌。我遲到了，瑪歌站在一面巨大落地玻璃窗前等待，手裡端高一面小鏡子在化妝；她的雙手在機場虛幻的燈光下雕琢。她踩著高跟鞋的身形是筆直的典範，從腰際到後頸勾勒出無懈可擊的線條。我好整以暇，在碰面前仔細地看著她。瑪歌有些迷信，我認出她身上的洋裝。我的雙眼第一次讀懂她眼神的那一天，她身上也是同一件洋裝。興奮的情緒讓我露出微笑，那是種奇特的感官癢癢，從顎骨一路爬上枕骨。

據說香蕉蜘蛛會賦予絲線香氣來吸引雄性。瑪歌就是隻香蕉蜘蛛、普通蜘蛛，或是眼神流露對齧咬樂此不疲的其他動物；或者是一名女巫，如果女巫是種善舞、狂野、愛作夢、愛笑、自由自在，同時壓抑不住內心無可救藥憤怒念頭的生物。她的髮色可以是棕色、金色、烏鴉黑、蜜色或鉑金色。有時，當她起舞，就是來自非洲或加勒比海地區的貓科動物。她舞藝精湛，過程是場祭禮。那天她化身蘇美女祭司，耳上佩戴的護身耳飾表明了身分。顧盼間，耳飾輕撫她的雙頰。兩輪金圈的末端，懸垂著伊南娜，愛之女神，卻也掌理最殘暴的戰事；身兼身體的高潮和戰火的蹂躪。伊南娜和她毫無遮掩的乳房，誘人卻致命，分別鑲嵌兩顆細小寶石，那是閃耀鑽石光輝的乳頭。瑪歌準備粉墨登場，在心裡為出場暖身，以火光和氣勢展露自己的屬性。

瑪歌麗塔是她的名字。俄文中的親密暱稱比比皆是，好比瑪歌麗塔可以暱稱為瑪歌，或是更正確的瑪歌特。俄文中有聲的T，在法文裡變成了不發音，這樣的遭遇恰好與我的名字相反。

尤安是伊凡的舊稱。伊凡可以是凡尼亞、凡卡、凡尼希卡、伊凡努希卡，或是尤安奇卡，這是俄國友人送我的禮物。

瑪歌麗塔，或是麗塔、麗圖利亞、瑪歌恰、瑪歌特、瑪歌、瑪高……某天，我用法文中的瑪歌麗特稱呼她。

我可以是個斯拉夫男人，她可以是個法國女子。

我相信儀式的力量，我們也都想要舉辦一場婚禮。我們開始尋覓地點，過程並不順利。附近的教堂看起來很沉悶，還有個令人打呵欠的聒噪神父；我們這種不信教的人最好到遠一點的地方找去。蘇美遙不可及，我們選擇了一座島嶼；善舞且女巫樣的瑪歌和古巴有某種聯繫。當地一位名叫胡安・艾斯特班的祭司教導我們認識「歐恰道術」，然後在一處披紅戴綠的聖堂將我們結為連理。我記得現場排山倒海的鼓聲，發自肺腑化為詩歌的悠遠吶喊。震撼人心、電光石火，這是一座競技場，一切都在舞動。接著我們進入出神狀態，熱血和蜜流淌在我們交扣的雙手。典禮結束後，一隻黑貓一路尾隨。牠走進我們的房間，舒服躺臥在兩只抱枕之間。我在夜裡醒來，牠就睡在我頭上。這就足夠了。我們認養了牠——如果說人真能收養這樣的生物——嚴格說起來，是牠找到了我們，而我們認出了牠。牠是比希莫特，布爾加科夫小說中的丑角肥貓，魔鬼的夥伴。牠和一群同伴揭露了在一九三〇年代的莫斯科，人類是何等地荒唐瘋狂。牠守護著真正的戀人。

比希莫特將成為我們愛情的守護者。

我們帶著一隻幸福的貓咪返回巴黎。牠和我們一同成長，逐漸養足了噸位。

有一天，狄安娜在南特出生了。
兩年後，我們舉家前往西伯利亞。
再過三年，我就獲得了入獄的尊榮待遇。
為什麼會有這種感覺，像是與瑪歌已經相識了百年？

7

西伯利亞頌

愛德華·利莫諾夫在他第一篇用法文書寫的文章裡讚揚西伯利亞，並做出以下結論：「為了尋找拍攝題材而跑遍歐美的蘇聯導演，真的很白痴！」

有些人前往西方尋找真理，我則往東方走去。我取道西伯利亞，那是慾望帶我前往的地方。

我們舉家赴俄的消息在朋友圈引發全然不同的反應。有些人和我們一樣懷抱憧憬，就像良醫契訶夫，他們想像的是一個「山河風貌百萬千」的國度，有壯闊的凍原、磅礡的江河，以及尚無人探勘的山林。有些人則提到古拉格，而面對這樣玩笑話，我有時得勉強笑著回應：「沒有這回事，我沒有遭到流放！」

蘇聯時期，「西伯利亞」成了古拉格的代名詞。沙皇時期就曾流放罪犯於此，蘇聯人則建立了集中營王國。但就算西伯利亞不是這麼回事，自然也難以擺脫古拉格一詞的糾纏。索忍尼辛、薩拉莫夫、金茲伯格都曾加以著述；索忍尼辛精準果斷的拳頭，薩拉莫夫俐落帶勁的耳光，金茲伯格毫不客氣的痛扁。這三人拳拳到肉的文章讓人無法全身而退，不過這樣也好。

有天，我聽見以下令人詫異的長篇議論：

「古拉格跟我們無關。《伊凡·杰尼索維奇的一天》發生在哈薩克；薩拉莫夫和金茲伯格筆下的科雷馬河是在俄國的遠東地區，不是西伯利亞。我們必須公正、必須精確，這些都不是西伯利亞！」

那是個座談會的場合，探討西伯利亞地區的「吸引力」和所謂「發展」這類的老生常談。講台上的小公務員很滿意自己的報告，但卻引來一位歷史學者的噓聲；是亞歷山大，那是我第一次遇見他。他用一種嘲弄和說教的口吻強調，幾個主要的古拉格都是刻意開設在西伯利亞，大多數人也才因此而在當地送命。這名公務員開始支吾其詞，幾名同事群起聲援，譴責這位「敗壞風氣的歷史學者」。難道不是因為史達林時期的集中營，世人才發現這片土地的豐富資源嗎？

在騷動中準備離席之前，亞歷山大拋出臨別回嗆：「話說回來，我十分贊同各位。等到哪天地球熱爆的時候，全世界的人都會來這裡納涼，那就去吸引觀光客上門吧！大肆宣傳我們風景如畫的景點，好好發揮這裡讓人又恨又愛的潛能！何不安排一個全新型態的嘉年華，搞一列巡禮古拉格的幽靈火車？這樣一來，我們也可以治治自己的失憶症，教育那些無知的政客！之後，大家就可以一起去泡游泳池！全數到貝加爾湖報到！只要稍微勤快一點，我們最後還可以連這片湖泊一起陪葬進去。」

門砰的一聲關上。

我們很快就打成一片。亞歷山大是來自北方泰加林的男人，身上銘刻著對森林、冰霜和浩瀚無垠的需求。我常聽他說：「西伯利亞是地球上的廣闊公海。」

在我們閱讀的書籍中，鮮少有作家提及西伯利亞。少有人出生於當地，少有人曾經踏足這片北境。

關於西伯利亞的偉大作品還有待創作。

有一天，或許有人會壯起文膽，用黑鈣土色的文字，明亮而生硬、冰凍卻熾熱的文字，如同憤怒的巨大冰塊，道出征服者厄爾馬克和他的敵人，滑稽可笑的庫楚汗；道出哥薩克人送命淌血的紅雪，戰敗者肚破腸流的黏雪；道出這裡的岩石、樹木、植物和動物。他們會說起其中俗稱「涅爾帕」的西伯利亞海豹，牠又肥又胖，即便在水中轉身仍是一派優雅；說起「薩瑪」、「庫爾圖克」和「巴爾古津」這些摧枯拉朽的疾風。它們悄無聲息吹向貝加爾湖，在漁民頭上掀起六公尺高的巨浪。每逢冬季來臨，冽風會將駕乘馴鹿的族人從極北之境驅趕南下。我們迷失在地理形勢和傳說之中。屆時將有楚科奇人、埃文斯人、布里亞特人和雅庫特人、曼西人、汗提人，還有許多其他部族的故事。還會談到一條長達九千多公里的壯闊鐵道，全村居民湧入西伯利亞大鐵路，快樂移居自由富饒的西伯利亞大地，一片從不知農奴制為何物的土地。我們迷失其間，聽見薩滿的鼓聲和譫語，淘金者的狂熱和牢騷，聽見澤克人、流亡者的狂熱和痛苦。目睹貂皮獵人的野性之眼，紅軍政委的權威之眼，還有年邁的信徒、隱士和刺客，他們全都隱沒在神話的植被中。在被冰霜環繞的小屋裡喝上一杯濃厚紅茶，苦澀卻溫暖；在比任何地方都要高闊的天空裡，有溫柔的藍色黃昏；人性在其凡俗的混沌中不堪一擊，何等地卑賤又光榮。

8／從聖日耳曼德佩前往伊爾庫茨克

安東．契訶夫在前往薩哈林的路上：

「在西伯利亞所有的城市中，伊爾庫茨克是最出眾的一個。」

飛機在無光的夜裡降落在結冰的跑道上，我又看見自己抵達了東西伯利亞的首府伊爾庫茨克，那是一月。我看見機場出口的氣溫顯示為攝氏零下二十四度。我看見瑪歌，帶著若有似無的愁容，也看到了自己興奮的神情。我聽見自己對兩歲的狄安娜說，她是俄國人也是法國人，是法國人也是俄國人，還有我們將在這裡生活，住在一片冬季會結冰的湖泊旁邊，一個像國家一樣大的湖泊。

尤里在入境大廳等候我們。他是本地法國文化協會的董事會主席，而我是外交部派來這裡的新任主任。在法國時，我經常奔波各地，是時代造就的一位傭兵。這份和外交部簽下的兩年合約，算是一次機運，一次破釜沉舟的嘗試。我被派往西伯利亞的伊爾庫茨克，如果這兩年的表現不錯，合約還能延長到五年。尤里看見我抵達，總算鬆了口氣；他一度擔心寶貴的工作簽證永遠不會發下來。與法俄兩國荒謬行政機器的交手持續了數月，證件和許可不斷遭到擱置，過程進展得十分緩慢，但我總算來了。

我們坐上尤里的四驅車穿越市區。我身在一種人體對當下所在地點失去判斷的怪異狀態；漫長飛行加上七個小時的時差正在作怪，所有感覺都變得十分敏銳，但專注力卻無法集中。身體整個放空，只能任憑使喚。那是一個週日的清晨六點，城市凍在冰裡，籠罩著柔和的電影燈光。細雪如奶如石膏，在車輪下滋滋作響。途中經過的樓房，有藍白色、月白色和俄羅斯到處可見的薄荷綠，也有一些樓房採用厚實的圓木搭建。有的十分氣派，裝飾細膩的木雕；有的則散發質樸的粗獷感，但全部都像是童話故事裡的建築。無論新舊，這些房舍往往色彩斑斕。護窗板的顏色有土耳其藍、鉛白、湖水綠、天青白，而赭紅色尤其令人讚歎。「這裡到處都是講究的色彩學！」瑪歌驚喜地說。我們在中央廣場上隨興繞行一圈，中間矗立著一棵點燈的聖誕樹：高十五公尺，樹下擺著用冰雕成的雕像和一座滑梯。在列寧街盡頭，是一尊立在台座上的列寧銅像；他神情堅決，指引街道方向。在卡爾馬克思街上，希臘風格的蘇聯遺址與大都市常見的奢華名牌櫥窗比鄰而居。商家和咖啡廳在昔日的民俗風格上，融入了現代的庸俗品味。另外還有一處露天的中央市集，換句話說，在這個季節裡它就是一座露天的冷凍庫；無論蔬果鮮魚都堅硬如石。旁邊就是中國市場，奇幻的迷宮、山寨貨的王國，對每個人來說都不可或缺，無論是你是顧客還是騙子。最後，我們經過一間俱樂部，有人坐在皮沙發上，沉浸於溫暖燈光，品嘗著有年份的威士忌，尤里告訴我說。這是個光怪陸離的混血產物。在二十一世紀初期，所有異境之美都凝聚在這座孤立於北方泰加林的西伯利亞之城。這就是我前來尋找的：一切似乎都有可能的另一個世界。

當天下午，趁著狄安娜和瑪歌在旅館休息，尤里和我繼續遊覽。他帶我認識了劇院、博物館、音樂廳，告訴我市府文化局主管的作風，以及市長還有伊爾庫茨克州長的為人；尤里和後者維持著很好的交情。我初到此地，是尤里帶著我打入這裡的社交圈。我們經過紀念偉大衛國戰爭（一九四一到一九四五年）罹難者的永恆之火。我們在一座新落成的紀念碑腳下結束了這趟巡禮，那是一六六一年建立伊爾庫茨克城的榮耀哥薩克人——雅各．波哈博夫的銅像。我們停留在安加拉河畔，河水沒有結冰，仍不斷冒出瀰漫的水蒸氣，那畫面美得像是施了魔法。「安加拉河永不結冰，哪怕是在攝氏零下四十度。安加拉河的湍急和自負讓它絕不向冰低頭。」

尤里向我告辭，留下了這句話和交到我手中的一本書：《沙皇信使》的第一版俄語譯本。這本書的再版要感謝伊爾庫茨克的一位女士：瑪琳娜．亞歷山德羅夫娜，她可以提供很多幫助，尤里會把她介紹給我認識。我步行返回旅館，經過那座冰雕滑梯，現場人潮聚集，我當下興起，第一次溜下了冰滑梯。當晚，我像顆石頭般酣睡。

隔天，我走出旅館，陽光十分刺眼。攝氏零下二十度，是晴朗乾燥的寒冷天氣。我邊走邊想，是什麼原因和情況彼此交錯，引領我到東西伯利亞，走在羅西斯卡亞大街結冰的人行道上。回想事件不合常理的推進，就會發現事情本可能有別的發展。我們大可以覺得是自己的慾望開創了命運，但仍不免感覺一切都是緣分使然。那是一陣暈眩，非人所能掌控，最終我們也只能一笑置之。像是遊戲一樣，我們隨意挑選一個場景，任憑想像帶領自己前往。我們想像自己身在他方，看見自己成了另一副模樣。我戴著的手套裡有本俄文版的《沙皇信使》，我想起了儒勒・凡爾納，想到自己剛駐足的門口旁有塊牌匾，他對上面所寫的「法國文化協會」幾個字應該不會太陌生。

我在巴黎聖日耳曼德佩大道二一五號。在一八八四年，這裡雲集了長髯、美鬢、尖鬍和八字鬍，只有一名男子將鬍鬚刮個精光。他身材比較矮小、結實，有些駝背，在當時也比其他人更受到敬重。現場有外交官、學者、科學家、一位天主教傳教士、出版商阿爾曼・科林和儒勒・凡爾納，總共八個人。據瞭解，當天是三月十日星期一，凡爾納晚了一些才抵達，原因大家都知道：他害怕歐內斯特・勒南那張無毛大臉和一雙冷眼，但現場還有另一雙目光，銳利而輕盈，來自路易・巴斯德。

一年前，勒南迎接巴斯德進入法蘭西學術院，接任《法語大詞典》作者艾米爾．利特雷留下的遺缺。那是個位高權重的位子，凡爾納當時也曾出馬角逐。這並不是第一次，每回他提出申請小仲馬都會予以支持，但最終他總是遭到排除。最後當選的是路易．巴斯德，為科學和人類做出偉大貢獻，學術院表示。這話沒錯，凡爾納心想——可是去他的！一位理化專家進入法蘭西學術院，但是讓尼莫船長、菲利斯．福格和米歇爾．斯特羅格夫入主圖書館和書店並在人們記憶中佔有一席之地的，可是凡爾納啊。我們可以說凡爾納打動人心，但卻始終遭到學術院排擠。真是不公平。他的作品行銷帝俄，而且十分暢銷，編輯甚至告訴他，連在堪察加半島都有他的讀者。但沒人看重這些成績，圈內同輩讓他認清了這一點。儒勒．凡爾納感到難過，也許他永遠無法戴上學術院院士的佩劍，還有他景仰的兩角帽和綠色院服。

這也是為什麼在那一年的三月十日，凡爾納與文學的冷眼和科學的笑眼四目相接之後，頓時失去參與議論的興致。歐內斯特．勒南一如既往地能言善道，每個人都恭敬聆聽，凡爾納很佩服他。大家談到了國家、民族和人種，討論語文學，議論文明功業和語言征服。打動人心，儒勒．凡爾納心想，就是這個意思，要殖民人心。這個小團體正式創立法國文化協會，即「在殖民地和海外宣揚法語的全國性協會」。那是一八八四年三月十日，在聖日耳曼德佩大道二一五號。

一百多年後，我走在同一條大道上，途徑二一五號。我剛從外交部離開，簽下了合約，辦好了手續，接著去到哈斯拜耶大道，法協基金會的所在地。我進到一間小教室，裡頭沒有幾個人，都是準備外派各地的人選。官方為我們安排了兩天的培訓。我還記得結訓致詞，權威的語調中不失溫柔，並穿插一些效力中央部會的藝文人士經常使用的奇特比喻：我們是法蘭西的勇士。壯烈的戰役和偉大的勝利等著我們，我們要將法語和法國文化發揚光大。我們握有的資源十分有限，但無論如何，我們都會堅持勇士無畏的精神。基金會祕書長開始引述名言，致詞接近尾聲。他在結束的最後一段話表示，在黑暗陰冷的夜裡，只要清楚明白自己存在的意義和使命，就足以寬慰孤單的苦楚。拿出勇氣來，法蘭西的勇士們！各位將言說並分享最早寫下人權的語言！

在飛往伊爾庫茨克之前，我先在莫斯科停留了幾天。我與米海伊見面，她正努力協調俄羅斯法協各行其事的網絡。幾年前，當我寄宿在哥薩克人家裡時，曾和她有過一面之緣。法國大使館位在波爾沙雅-雅基曼卡街上，我們經常會在走廊上遇見幾個熟面孔。我抵達時，使館正在召開年度大會，當時還叫做戰略方針委員會（COS），所有投身俄國前線的法國勇士齊聚一堂。在一個叫做文化合作和行動參贊（COCAC）的總管大臣指揮下，各路勇士討論自己的計畫和成果，我們通常稱呼這些人為「專員」。有視聽專員、科學合作專員、幾個法語合作專員，還有一些其他領域的專員，他們身邊都有各自的幕僚和侍從。在這些地方，不擇手段的人不在少數；騎士化身家臣，只為贏得家主——大使閣下——的歡心。我們在伺候的同時，也在滿足一己之私。我很快就明白了這一點。給人穿小鞋和遭到抹黑等情事時有所聞。法協的勇士們在市郊生活工作，遠離宮門的揶揄挖苦，是大宅院裡無拘無束的一群。這會兒他們抵達京城，參加年度戰略方針會議。他們一會兒遭到冷漠對待，一會兒面對不信任的輕慢，以禮相待的情況十分罕見。那是當外交官或專員們出於利益考量，而精細度量出來的某種尊重。法協的勇士們不屬於宮廷，和賤民相去不遠，但是手中卻握有鑰匙，掌握著幅員像國家一樣遼闊的地區；換句話說，他們擁有帝國的鑰匙。最精明的腦袋早已參透了這一點，但是其他人還自以為能從大使館和莫斯科的交際應酬來號令一切。

當時有十二個法語文化協會，遍布俄羅斯的廣大領土。很少，很有挑戰性，很累人。米海伊在她的辦公室裡向我說明。她以此為據點，努力協調和幫助幾乎每天都得忍受俄式官僚作風攻擊的十二所機構，應付俄方的妄想症和作風獨裁的挑釁。過程十分艱辛，但俄羅斯幾乎隨處可見的法國熱，對各地協會的主任十分有利；這是一塊臣服卻又無路通行的疆土。米海伊提醒我，伊爾庫茨克當地協會的財政十分困難，幾乎就要關門大吉，有一半人員辭職求去。伊爾庫茨克州長是俄國總統的心腹，身處權力中心的要人。市長則扮演反對者的角色，他幾個月前才在共產黨人的支持下當選。莫斯科不太瞭解這裡的地方施政，其黑箱程度幾乎可比法國大使館各方傾軋的內幕。

「但是說正經的，」米海伊表示，「伊爾庫茨克的法協只有幾個月的時間可以走出困境，我把話說白了，我不清楚是不是還有挽回的餘地。」我的任務不是挽救這個奄奄一息的機構，就是主導它的破產清算；不成功便成仁。我必須想辦法尋求地方支持和所需資金。有個靠得住的男人會幫忙我，尤里，他是協會董事會的主席。

黯淡前景本是一盆冷水灌頂，但我卻不以為意。我告訴自己：這樣的安排完美極了。在我之前的歷任負責人鎩羽而歸，反倒為我打開了一條大路，有機會成就一段光榮史詩，我心想。一則動人的勇士故事，它會在眾勇士之間傳為美談。在我這愚人的驕傲中，還摻雜了西班牙征服者踏上新世界的狂喜。

在我離開大使館之前，館長大使閣下賜我以短暫面晤。我們談論天氣、地方政治和文化影響力。他認真跟我提起一些在西伯利亞生活的常識，然後提醒我最重要的一點：只要法協還是自主單位，只要我必須和俄國的董事會打交道，那麼在合約有效期間，我就是法國外交部的僱員。永遠不要忘記這一點。我是來這裡服務的，大家對我寄予厚望。法協是一項戰略工具，我今後的工作是文化外交並發揮影響力。祝您好運，一路順風！

伊爾庫茨克的法協位在羅西斯卡亞街二十號圖書館的頂層。一樓是一間共產黨辦公室，裡頭放著高高堆起的文件，門上貼了一張海報，是史達林訓誡大家為人處世的道理，搞笑的成分居多。我步上通往四樓的沉重石梯，發現這樓層有兩間年久蒙塵的教室，牆上掛著若干黑白照，是一百或兩百年前就不復見的花都景致。這裡還有一間人跡罕至的藏書室和一些書架。歐嘉獨自坐在偌大無聲的藏書室裡，她是一干出走人員中唯一留下來的一個，我很快就倚重她擔任我的左右手。中午到下午一點之間，這裡開始熱鬧起來，人群突然熙來攘往。一開始令人莫名其妙，但我很快就明白了：低樓層的圖書館員——全部是女性——都上這裡來休息，因為這裡安靜，設備也很齊全。在藏書室深處，大家挪移幾本大詞典，將高蹈派詩人選集推往一旁，就成了安置微波爐的地方。每名館員最後都端著熱氣騰騰的餐碗，踩著謹慎的步伐離開，深怕將食物給打翻。於是，藏書室裡瀰漫馬鈴薯、魚、燉肉的氣味。協會至少圓滿達成了一項任務，造就一群每天在午餐時刻報到的忠實民眾。我將這些觀察寫在米海伊要我呈交的第一份現況報告中。在協會為我安排的辦公室裡，堆放著數不清的雜物和一張裱框的照片。許久以前，有人心血來潮將那張一列蒸汽火車衝撞地面的知名照片掛在牆上。一起年代久遠的意外，如今成了不明究理的經典。照片底下有一行文字：一八九五年十月二十二日，發生在蒙帕納斯火車站的意外。我站在蒸汽火車前尋思半晌，揣想它從空中下墜，硬生生撞上石磚路面。隔天，我取下照片，歐嘉堅持將它存放在櫃子裡。

如今我可以想見，當時外頭必然有一群人在暗處觀察我。他們待在一輛廂型車或是一輛車窗漆黑的轎車上，開始記錄我的一舉一動。這些人使用國際行動用戶辨識碼擷取器收集我的個資，並且低聲交談、攔截訊號、進行監聽；其他同夥則趁著我離開飯店時，搜查我們的房間，然後是我們的公寓……他們早已經展開行動。

9

西伯利亞是一場盛宴

瓦西里・戈洛瓦諾夫在《讚美那瘋狂之旅》中提到：

「俄國和法國在十九世紀當中不斷發生血腥衝突，但是兩國人民卻從來不曾仇恨對方。」

我看見自己的脖子上繫著一只銀色的蝴蝶結，又看到了尤里和他爽朗的笑容。當天晚上，我掛著一樣的笑容，聽見自己複誦一篇字斟句酌卻又不失風趣的致詞稿。在我眼前雲集了盛裝出席的政界和文化圈領袖、大學校長和商界人士，另外還有大學生、老師和一些友人，包括亞歷山大和維克多，堅守崗位的歐嘉，當然還有瑪歌，以及穿梭在賓客腳邊的狄安娜。我咬文嚼字讚揚法俄友誼，應該還談到了兄弟情誼，這是我的一個小毛病，但我總是會一提再提。

在我抵達西伯利亞那一晚的兩年後，伊爾庫茨克法協的新址落成啟用，並歡度十歲生日。來自薩瓦地區的廚子端出令所有人讚不絕口的自助餐點和葡萄酒，有位贊助酒商不斷勸進與會賓客暢飲帶有蜂蜜和烤麵包香味的干邑。大使帶著一千家臣專程出席，對當天的風和日麗顯然十分滿意，是米海伊讓我留意到了這一點。她在走近我的同時，大使正對著麥克風讚揚地方政府，運用他獨有的閒聊方式討好現場與會人士。我很清楚這種伎倆，因為這是我為他捉刀的致詞稿。

「看來你這裡的小生意很興隆啊。」她湊在我耳邊說話，「真有你的！兩年前根本沒人看好伊爾庫茨克。我很期待明天再訪貝加爾湖，希望你哪天可以帶我們去溜冰！」

我看著瑪歌像花蝴蝶穿梭於賓客之間，處處吻頰擁抱，釋放親和魅力。面對人來瘋的客人，她就和對方打成一片；面對拘謹的客人，她便一本正經地談天。她這是在工作，在助我一臂之力。我們兩個展開了宣揚語言和藝術、文化和美學的行動；這是一場表演。瑪歌一隻手搭在市長夫人瑪琳娜・亞歷山德羅夫娜的裸肩上，後者欠身示意，展露她最美的笑容，而且沒有露出任何牙齒。我的女搭檔施展懾人的魅術，瑪琳娜隨即成了我們的盟友。

這是一部我們共同撰寫的小說，並在這故事裡生活。我創造屬於我的角色，瑪歌建立她自己的戲分。這是一場遊戲，但卻不是兒戲。我們按部就班滲透當地幾個具有影響力的「杜索夫卡」（toussovka）。

「杜索夫卡」在法語中沒有對應的字眼，它出現在二十世紀末的俄國，據信是來自犯罪圈子。今天人們用它來稱呼秉持相同生活方式，擁有同樣興趣愛好、職業、政治理念，或是以上兼而有之的男女所組成的社群。在伊爾庫茨克，有個十分出名的女企業家「杜索夫卡」，成員辦理沙龍聚會，吸引慈善家和贊助人；還有個「杜索夫卡」網羅一群青年企業家，他們熱衷葡萄酒、陳年烈酒和精心修剪的大鬍子；另外也有與當局政治立場相左的「杜索夫卡」，由幾位對現狀不滿的記者、藝術家和部落客組成；有些「杜索夫卡」則牽扯一些負面傳言，例如涉及手腳不乾淨的銀行家和天然氣貿易龐大利益的地下團體；甚至還有愛國商人組成的「杜索夫卡」，專門與州長打交道，從事一些見不得人的勾當。這些小圈子為數眾多，有時彼此競爭、有時彼此勾結，但常見的情況是它們無視對方存在。我的任務在於找出盟友、吸引資金，為法協推動的專案注入活水。但現實情況是這些活水最多只是涓涓細流，僅足夠讓我們生存下去。反對文化產業處處掠奪資源的抗議聲浪並未成氣候，而且象徵意義居多，我們偶爾還是能讓人注意到幾個不合時宜的至美理想，吸引某人的聆聽和目光，組織屬於我們的小小「杜索夫卡」。很多時候，我們失敗、犯錯、出賣自己的靈魂而引來訕笑；有時候則能得到恩典的眷顧。

無論是在莫斯科還是馬加丹，只要這個地區的咖啡廳菜單裡出現「拿破崙」蛋糕，當地就有許多「杜索夫卡」認同法蘭西文化。而且這些同路人識別彼此不只是在餐桌上，不只是靠著飲酒和進食的法式禮節；對法蘭西的熱愛在俄羅斯一貫不變的傳承中佔有一席之地，並存在於俄語之中，自然也就深植於身體裡。我在精神病院那段期間就曾領略過。出獄之後，我被送進精神病院，在住院的二十天裡，眼前目睹的盡是世態炎涼。第一週結束時，一位名叫傑尼亞的病人向我攀談。他即將出院，之前他幾乎沒有和我說過話。他告訴我他的故事，一個尋常又殘酷的沉淪過程：他在同一天失去了母親和工作，劇變剝奪了他扮演的角色。他不再是家中的支柱，不再是父親和令人安心的依靠。悲痛情緒排山倒海，痛苦直墜入他的「肉上」——這是他的說法。連串打擊讓他有了自殺的念頭，但兩次都沒有成功。在第二次了斷的時候，他八歲的女兒目睹他昏迷不醒，整個人爛醉並吞了大把的鎮定劑，頭上還套著一只塑膠袋。手法十分到位，但那孩子不該看到這些。救護人員原本不抱希望地為他戴上氧氣罩，結果他竟然還能呼吸。後來，他瘋了。沒有人知道他怎麼辦到的，但他竟有辦法在自己背部中央劃上一道長二十公分的極深傷口。他被關進精神病院。六個月後，我們在一群淪落人和瘋子的圍繞下交談。他有一張歷劫歸來的面容，藥物加深了他脆弱巨人的形象。他好多了，再幾個小時就可以出院。他想要為摯愛妲尼雅準備一份禮物。她一肩扛起所有重擔，他這個跛腳的巨人，還有貸款、債務、女兒和旁人的目光；她值得擁有世間最美的禮物。所以傑尼亞找上我，告訴我他的故事和請求。當時我成天看書並在一個小本子上塗塗寫寫。我就是最佳人選，傑尼亞心想。他開口懇請我在紙上寫下一首法文詩，一首動人的詩，帶著優雅的字跡。而他怯懦的請求洩露了內心的不安，像是這份請求很可能遭到拒絕。

那天，我沮喪地發現自己早已無法記誦一首完整的情詩，最多只有幾個片語隻字，彼此無法串連起來。從我一團漿糊般的可憐腦袋裡，什麼也擠不出來：沒有愛，就像是火焰失去了風；它吹熄了星火，點燃了大火；我的孩子、我的姐妹，回想前往彼方一起生活的幸福；放縱去愛，在一個屬於你的國度愛人並赴死；沒有幸福的愛情；而我如此愛你，才會顫抖不已，只要你願意，我們將一起入睡；而我將前往遠方，遙遠的遠方，像個波希米亞人，隨興自由，如紅粉作伴一般幸福；哦！我們的骸骨穿上戀人新生的血肉；愛情啊，當你牽絆著我們，就是時候「告別理智」！可人兒啊，偕我去看玫瑰是否……

完全無法成詩，只是雜亂的片段，而且全然無關。這一切說明了我欠缺的才情。在我記憶裡，就連一首簡短的情詩也無法完整浮現。

原本只要
再多等待一會兒
死亡就會降臨

但是一隻赤手
此刻伸向我
執起了我的手

我寫下了開頭，一篇來自路易．阿拉貢的作品。一隻馳援的手，死裡逃生的愛，簡單又貼切，但我記不得接下來的內容。於是我將它寫下來，送給傑尼亞。他需要這些文字，並加以索求。當然，他既不會說也讀不懂法語，但他迫切需要這首詩。這張字條對他和妲尼雅而言將是一個重要的象徵，他很堅持，必須由我來執筆。我有兩個小時，也許三個小時。我全心投入其中。

妲尼雅穿越我們這群瘋子，走進醫院。她感謝醫生和所有工作人員，臉上洋溢著感動的笑容。傑尼亞站直了身子，非常緊張，幾乎像是立正站好，一隻手裡拽著一個裝有幾件物品的褪色塑膠袋。他低聲感謝一位病友拿破崙，所有人都知道這是我在這裡的身分。他將字條遞給妲尼雅，我笨拙地解釋上面詩文的意思。我將它朗誦出來，放慢了節奏，仔細區分每個音節。幾個月來，我遭人抹黑，名譽掃地，可是當天我在傑尼亞、妲尼雅和其他人身旁，找到屬於我的位置。讀著讀著，我發現自己音調高昂，忘我投入這個令大家不知所措的場面。我為那些瘋狂的人，為那些理解和安撫他們的人，為那些自殺的人，為那些害怕的人，為了那股流竄在我背脊上的悸動，為那些去愛的人，為那些不去愛的人，為那些對愛一無所知的人來朗誦。妲尼雅熱烈地看著我，大顆的無聲淚珠開始落在她破舊的短靴上，我想傑尼亞也開始流淚，而我再也無法看清周遭的一切。他將我緊抱在懷裡，在我背上用力拍了幾下。他們帶著這張字條離去。一位護理人員將手搭在我肩上，當著同事的面告訴我這句話：

「Eto nash tcheloviek.」（他是自己人。）

有些故事無法忘懷，我們最後總能聽見它們。有些戲為我們量身打造，能演好自己的角色十分難得，但我在瘋子的殿堂裡有了稱職的發揮。

在法國文化協會成立十週年的盛大慶典上，我是否也有稱職的演出？致詞橋段和討好群眾告一段落，在酒精的催化下，DJ如虎添翼，控制全場。賓客們在大廳裡跳舞，我端起一杯干邑，加入人在休息室裡的瑪歌和瑪琳娜．亞歷山德羅夫娜。三人舉杯敬酒。

「敬米歇爾．斯特羅格夫，將我們聚在一起的沙皇信使！」

《沙皇信使》是有些過時的經典故事，許多準備前往俄國的人都會聊起書中情節。即使在今天，在打算前往西伯利亞的旅人腦海中，仍偶然會浮現書中畫面。儒勒・凡爾納從未踏上俄國土地，但我們可以追隨沙皇信使米歇爾・斯特羅格夫的足跡，體驗他從莫斯科到伊爾庫茨克一路冒險犯難的過程。坦白說，我從來沒有真正讀過這本書，小時候可能看過改編的電視劇，但是不太確定。它的故事從未影響我，啟蒙我認識俄國的其實是另一本書——《杜拉金將軍》，出自瑟居女爵的傑出作品。為了討好瑪琳娜・亞歷山德羅夫娜，我接受了沙皇信使的經典地位。她微微一笑，將雙唇輕輕浸入香檳中。他先生忙於市政分不開身，對此她感到很抱歉。

市長伉儷十分神祕。

呆瓜瀏海搭配娃娃臉面具，市長模樣十分隨和，但卻證明自己有適應這世界的驚人本領。他出生本地一處村莊的鐵路工人家庭，從九〇年代蘇聯解體中倖存並致富，身上穿著肩線合身的生意人西服，長久以來各地的政治人物也都是這副裝束。在我抵達前不久，他靠著共產黨員的支持贏得了伊爾庫茨克的市長寶座，打敗莫斯科指派的候選人。選舉結果令各方跌破眼鏡，連他自己都不敢置信，這是他在我們僅有的幾次交談中私下透露的。為了平息敗選陣營的怒火，預防對方懸賞他的人頭，同時避免牢獄之災，新任市長在自己的團隊中安插了幾位對手陣營的大咖人物。他沒有經驗，缺乏可靠幕僚，只能以務實態度尋求自保之道。當選三個月後，為了謹慎起見，他加入了總統所屬的政黨。單純的以防萬一，雖然有心推翻現有體制，但這並不妨礙我們熱愛生命，關心自己的小本生意。這位共黨生意人是總統最有力的反對者和支持者，並十分諳於此道。

瑪琳娜．亞歷山德羅夫娜更是有過之而無不及。她可比受驚幼鼠的呢喃嗓音，加上名媛貴婦的姿態和偏激的言談舉止，不僅贏得生意人的青睞，也獲得了黨內媒體的關注，最終成為伊城家喻戶曉的人物。她剛生下第三胎，經常在各種社交場合拋頭露面。她晚問辦理慈善活動，一會兒是舞會、一會兒是拍賣會；白天則為她的偉大計畫積極奔走：在伊爾庫茨克中心廣場一磚一瓦重建一九三二年遭到布爾什維克黨人炸毀的喀山聖母大教堂。「重建西伯利亞最大的大教堂？真是笑話！」一提到這件事，亞歷山大的火就上來，「都是偏執教徒的痴心妄想，真的很無聊！這些走火入魔的信徒毫無節制，情況越來越糟，這個國家沒救了！」維克多受託負責製作模型，這差事令他覺得好笑。浩大工程需要移除地區的行政大樓：該用掩蓋的方式還是用炸藥拆除？背後的建築師和都市規劃專家彼此較量，提出天馬行空的提案和異想天開的模擬方案。一開始，沒人把這計畫當回事，不過就是個女人家一時心血來潮，淪為各方笑談。市長出面力挺，但是完全無法說服州長。大家支持而不承諾，保持距離而不遠離或是完全切割。終究沒人能預測伊爾庫茨克的風向。瑪琳娜夢想在落成典禮上邀來俄羅斯大主教，當然還有千秋萬世的普丁總統，她自己會成為眾人矚目的焦點，而那位反對又支持當局的共黨生意人將成為教堂的起造者。雖然大家私底下都在看笑話，但心裡卻都明白這樣的情況的確有可能發生。

《沙皇信使》是瑪琳娜的另一項執著。凡爾納當初所刻畫的主人公是為了取悅沙皇和俄羅斯的讀者，一切按照他行銷莫斯科和聖彼得堡出版商的計畫進行。《沙皇信使》本應成為紅遍全俄國的暢銷書，但卻事與願違；這則傳奇從沒有收服帝俄讀者，後來也沒有獲得蘇維埃的青睞，不過巴黎的讀者卻很買帳。一百年後，這本小說的境遇觸動了瑪琳娜。世界上最多人翻譯的法國作家以東西伯利亞首府為舞台，而且每個法國人小時候都讀過《沙皇信使》，我向她證實了這一點，所有人都可以用一句話準確無誤地描述自己眼中的伊爾庫茨克，例如該書第十二章的開頭：

「在這座融合拜占庭和中國風的城市裡，有鋪滿碎石的街道，街道兩旁是人行道，運河交錯其間，高大的樺樹聳立路旁。磚木構建的房舍林立，其中幾棟有好幾層樓高。路上有川流的車水馬龍，不僅有俄式四輪大馬車和一般四輪馬車，同時還可以見到雙門四輪轎式馬車和敞篷四輪馬車。最後，這裡住著一群文明十分進步的居民，巴黎流行的最新時尚對他們來說一點都不陌生；這一切都是歐洲才能見到的城市景觀。」

儒勒．凡爾納從未見過伊爾庫茨克，但卻觸動了瑪琳娜的心。凡爾納真有遠見，當晚她一再向我說起。搭飛機不到一個小時就能抵達烏蘭巴托，北京是三個小時，但伊爾庫茨克放眼的是歐洲、是巴黎。幾個月後，我們舉辦了一場展覽，並巡迴俄國展出。長達好幾個月，什麼大教堂和炸毀行政中心全沒了下文，所有的精力都放在沙皇密使身上；我想大家都因此而非常感激我。但是話說回來，瑪琳娜的一頭熱絲毫與我無關，我只是順水推舟罷了。市長夫人加入法國文化協會的董事會，兩造達成某種協議，沙皇信使為證。在我抵達西伯利亞當晚的兩年後，米海伊說得沒錯，我的小生意十分興隆，這些策略讓我無往不利。

晚會拖到深更，我和瑪歌在送往迎來之間持續操作著一架機器；一架討好、款待和微笑的機器，同時也是一架作戰的機器，一架暗算敵人的機器。它的機械構造不甚牢靠卻精準到位，靠著滑輪、齒輪和皮帶造就出一個文明。我開始面露疲態，耳裡傳來尤里的聲音。

「我親愛的尤安主任！」

尤里示意我加入他，只見他身邊都是三句不離本行的市府官員，副州長也來湊熱鬧。他語調輕快地拋出一句：「尤安啊，我今晚觀察您和賓客們的互動，您實在像極了我們的總統普丁；這是我能給您最好的恭維。」大家格格哄笑，除了尤里之外；我看他似乎很不自在。我的嘴唇向兩側延伸，形成一彎禮貌性的微笑。「您真是個善於偽裝和交際應酬的高手，」他接著說，「就和他一樣。而他也和您一樣，曾受僱於情報單位，多年以前派駐德國，為格別烏效力。您則是現在外派俄羅斯，受僱於……呃，你們在法國叫什麼來著？」在所有投射過來的目光中，我看見了好奇、尷尬和惡意。「ＤＧＳＥ，」我始終舒展著雙唇並毫無情緒地回答，「對外安全總局。」副州長：「沒錯，而且我國總統和您使用的是相同的臥底身分，您曉得嗎？他也自稱負責文化事務。真不敢相信你們兩個有這麼多的共同點！」現場一陣沉默，我需要尤里才能破冰，讓我能夠加以回應。這是我們之間心照不宣的默契，他專門負責補救我不甚靈光的俄語。我回答說：「我被揭穿了！各位可不要聲張啊，不然現在逮捕我，我可就坐不上各位看好的總統大位，那豈不太遺憾了。」在我呼吸吐納之間，尤里的翻譯幾乎同時完成，帶著恰到好處的挖苦成分，成功引發新一輪的哄笑。大家持續加碼，說我不但是個間諜，而且是其中最狡猾的一個。我坦誠自己有罪，副州長離去時對我使了個眼色。

狄安娜睡在沙發上，我將她抱到保姆懷裡。瑪歌正在和瑪塔大談兩人最愛的話題：勃艮第葡萄酒。雖然我祖父和一位叔叔都是葡萄農，但兩個女人對這個領域的瞭解比我多得多。我很欣賞瑪塔，年紀還不到三十就準備打造自己的第二個酒窖。在她討生活的虛榮男人圈子裡，她強勢展現自己的力量、自由不羈和冷豔的女性魅力。瑪歌離開會場，手裡拿著一瓶夏薩涅-蒙拉謝葡萄酒，帶著任務圓滿達成的滿足。我答應送走剩下幾位客人之後，很快就會回家找她。

我到深夜才回到家，公寓一片漆黑。開門時，我隱約看見走廊盡頭有隻手鬼祟摟著瑪歌的腰，然後將她拉進臥房裡。客廳裡衣物散落一地，有兩只沒喝完的酒杯，吊燈上還掛著一件胸罩。比希莫特懶洋洋貓步其間，吞下掉在桌上的一朵醃蘑菇，然後轉頭對我苦笑。真是隻怪貓。我悄悄走進臥房，看見有嘴唇熨貼著瑪歌的雙唇，我知道對方是誰。我不動聲色享受眼前的畫面，然後湊上前去吻了瑪塔。

10／曲終人散

在列昂尼德．蓋代的一部喜劇電影中，喝醉的恐怖伊凡說：
「我命令飲宴繼續！」

羞恥又困惑，人世情愛的荒腔走板也有我的這一份。對我來說，這故事結束在黑牢深處。有人告訴我瑪歌是這起陰謀的幕後黑手，說她寧可看我蹲苦牢，也不願意失去我或是殺了我。有可能，也不可能。

我們彼此相愛：我熱烈愛著瑪歌，而她愛著愛我的瑪塔；她愛瑪塔，因為瑪塔愛著瑪歌而瑪歌愛我，所以我瘋狂地愛上了她們。我笑著寫下這個段落，帶著一種孩子氣的得意。我們愛著彼此，看似三個人都明白卻又不明白。我們身在幸福中卻不自知。當瑪塔在瑪歌懷裡睡著的時候，光是待在兩人放鬆的身旁，就能帶給我一種作夢般的強烈快感。我在她們身邊入睡，在屬於我的位置上，也許片刻之後，她們之中會有人蜷縮在我懷裡。

我可以看見我們在貝加爾湖中央的小小身影。我們在奧爾康島上，狄安娜、瑪歌、瑪塔和我。寒意十分溫柔。我們離開陸地，決定在湖面上散步。陽光讓步伐變得輕快，一行人齊步滑行。我們穿越一個由岩石和大量白色熔岩流所構成的洞穴，童話中的冰雪世界在我們四周開展，它保護著我們。我們放聲歌唱。冰層構成巍然聳立的管風琴，垂掛著天青色的音管，狄安娜看得目瞪口呆。洞穴外，貝加爾湖布置了一處冰的廢墟，手法熟練精妙，奔放狂野，極目遠望無邊無際。這是一張凸棱起伏的蕾絲花邊，或是潔白或是晶瑩，有些則泛著藍色。有許多光輝的圖騰和一張身處混沌的蛇髮女妖面具。那景致雖然粗暴卻很精美、純粹，布滿著玻璃般的碎冰和點點白雪。它在騷動，它在碎裂，它在私語；裂痕是有生命的活物。天光純粹令人睜不開眼，我們手牽著手走在耀眼的光輝之中。

我們互訴衷曲的情話裡有貝加爾湖的存在，從來沒有人知道這件事，當然，除了躲在暗處的那群人。

瑪塔在我耳邊輕聲說：「我的小太陽，我的靈魂，我的寶貝男孩。」我無法動彈。她悄悄走近我身後，踮起腳尖，獻上一支蛇舞。

瑪歌一隻手捧起我的臉，另一隻手沿著我腹部緩緩滑動，就這樣成功讓我硬化如礦石。我成了一隻聽話的獵物。她們隨心所欲支配我，同時與我歡愛，或是把我丟在一旁享受對方。我沉醉於她們的表演，然後三人再度演出新一輪的快板音符，滿足想要沉溺其中的飢渴肉體。

我用一個簡單的畫面，來說明過去那段單純的三人行關係。它將我帶往瑪歌和瑪塔在鋼琴上四手聯彈的時刻。那像是一齣莫札特的兒童劇場，當然，裡面不乏絲布和冰雕打造的小動物。心靈追逐真愛，狂歡已成往事，但貪歡的念頭仍會令人失去理智。

瑪塔是隻小松鼠，瑪歌有天撫摸她紅色長髮時取了這個綽號。我們沿用成習。松鼠的綠眼睛十分迷人，我試著加以描述，腦中有了想法：融合澳寶石和木樨綠的眼珠。這番形容惹來嘲弄，但是我很堅持。瑪塔說：「尤安奇克，你應該去當詩人！」

我是詩人。難道是因為如此，我才沒察覺災禍降臨嗎？

我想用各種方式去感受一切，從各個方面去體驗一切。我展開多工模式，每天早上穿上工作服，完成法協進行中的工程，隨後在午餐時間打上領帶，和劇院總監、銀行家、民代洽談合作，接著到地方電視台、電台接受訪問，四處奔波宣傳協會，然後奔入泰加林和友人妮奈爾一道採集蜂蜜和漿果；她是位七旬老嫗，在市場一個用紙板搭起的小攤上販賣這些收穫。我每天送狄安娜上學，週末和她一起畫畫、摺紙和攝影，並在睡前為她說一個枕邊故事。我出席大大小小的社交活動，展覽揭幕、藝術家工作室、音樂會、舞台劇、夜店或酒吧。我出面應付突發狀況，像是漁夫謝里奧賈有急事要見我，或是我們的共同友人安卡和人起了衝突，對方是她在高爾基街經營蒙古餐廳的混帳老闆。隔天，我舉辦講座，為小朋友講課，遇見一位堅持要我改宗的東正教神父。我攔下一輛計程車，瑪塔和瑪歌已經在火車站等我，準備搭上一列夜車，前往揭幕在布里亞特的一個展覽，拜見一位薩滿、參訪一間佛寺。我跳上飛機，來回莫斯科、喀山、海參崴和新西伯利亞開會。返家後，我立刻與亞歷山大和維克多飛奔至貝加爾湖。我來回穿梭俄羅斯國土，前後十一個時區，極端的地理環境造就極端的生活方式。

所以我是又聾又瞎。俄羅斯併吞克里米亞的時候，亞歷山大就警告我，風向正在改變。平時低調的民族主義團體集結發聲，滋事分子名單上有我的名字。當海關人員上門搜查法協時，我對此一笑置之。有什麼好怕的?某天，有個名叫斯米諾夫的男子找上瑪歌，大方表明自己是名特務，只要瑪歌願意，他可以提供協助來除掉我。我沒當回事，不過就是共產時代流傳下來的惡習，而且瑪歌主動跟我說起，不會有什麼大不了的。

斯米諾夫和他的同夥看得比我透徹，他們明白瑪歌其實很痛苦。她想念巴黎，無法適應西伯利亞的生活。她看什麼都不順眼，摻假的葡萄酒甚至比寒冷更令她惱火，特別是她總想像一群淫婦圍繞法協的主任打轉獻媚。她疏遠了瑪塔，瑪塔疏遠了我們；我們的故事註定要出差錯。

泰加林大半個夏天都在燃燒。八月即將結束，瑪塔搬去莫斯科。她傷心地向我們道別，三人許下了大家都明白不可能實現的約定。

從此一切亂了套。我終於看清了瑪歌的處境，但這無法改變什麼。我們之間衝突不斷，分手與復合的愚蠢戲碼開始上演。

在《戀人絮語》中，羅蘭．巴特作態對他口中那位普魯斯特旁白提出詰問：「他只是因為戀愛的緣故嗎？其實不過是吃醋。」少有人能提出如此簡單的判斷，無論對象是真人還是虛構人物。人們總喜歡同情嫉妒者，認為想要約束對方的念頭，想要禁錮對方的決心，甚至是有天想要殺了對方的想法，都是源於一段虐心的愛情。

有時瑪歌只是嫉妒，沒有任何愛意。怒火隨著妒意慢慢升溫，突然間只剩下她孤獨一個人。

十二月的一個中午，她有條不紊地摧毀了浴室，所有物品都慘遭毒手；多瓶香水爆裂，鏡子粉碎。她破壞我碰過的每件物品，很快就再也沒有東西可以蹂躪。她冷冷地告訴我要去學校接狄安娜，我不會再見到她，我會淪落到坐牢的下場，說到做到。我追著她下樓，語出荒唐地喊道：「我們是在一個自由的國家，瑪歌！」她的車在結冰的路上打滑，車輛失控撞上了一堵牆。成排冰柱從屋檐脫落，狠狠摔碎在地面上。兩枚巨大冰柱栽在我的腳下，第三枚擊中了比希莫特；牠是什麼時候追著我出來的？我走近一看，牠的脖子被割開，側邊腸道外露，血色泡沫從牠口鼻冒出來。我立刻想到亞歷山大送我的獵刀。當我再次下樓時，瑪歌大哭，比希莫特全身抽搐。我使盡全身力氣，刀刃畫出俐落刀口，一顆驚恐的怪物頭顱在雪地上滾動。

生活又恢復了平靜。

我們彼此追悔、原諒、起誓，那是蒙面人闖進家裡的兩個月前。

我們埋了一隻貓屍，也埋葬了我們愛情的遺骸。

11

中央監獄的情人節

罪客是我閱讀偉大的俄國監獄文學時學到的一個詞。

當然，雅克．羅西在其著作《古拉格手冊》中也專門為它列了一個詞條。

ZEK (zek, zeka)

本詞衍生自官方縮寫「z/k」，

即運河的囚犯／士兵（一九三一至一九三三年在波羅的海白海運河工地施工的囚犯），

在俄語中已經成為稱呼犯人的常見說法。

瞭解它的定義，我就明白自己的處境。

今天是情人節。

我名叫凡尼亞。對行政部門而言，我是罪客巴爾貝羅，但是對這裡的獄友來說，我叫做凡尼亞。這是我獄中的名字，監所人員有時叫我「法國佬」。

大家會發現我變了。人變得很快，連舉止談吐也跟著不同了。我進來這裡已經三天，在隔離區裡待個三天就足以讓人明白很多事情。

隔離區，或是罪客間習慣稱呼的「檢疫所」，是專門用來歡迎菜鳥的特殊舍房。我們在這裡邁出入獄的第一步。一般會持續一週的時間，包括前期調教的時間、觀察的時間。無論白天夜晚，監聽器全天運作，一架攝影機負責拍攝共用二十平方公尺的五到六名囚犯。一張桌子，兩張長凳，雙層床架，一個洗臉台，另外隔出來的公用廁所散發瀰漫整間牢房的薰天臭氣。我遭到收押時第一次碰到的肺結核病人凡卡也在這裡，還有剛來報到的托利亞，二十四歲，以及易怒亞當和同樣二十來歲的柯斯迪亞。在我報到那天，有兩名囚犯離開，兩個幾乎沒有打過照面的影子。除了凡卡之外，這裡所有人都是「尿包」，這是獄中對年輕犯人的稱呼。我年過三十，不屬於「尿包」。

獄方藉由隔離來觀察罪客，先進行評估再將他分發到最終的舍房。這裡的門上裝有窺視孔，天花板還有電眼和監聽器，主事者就躲在某處主宰每個人的命運，決定他分發的區域，並從手邊的可憐蟲、小流氓、大壞蛋、殺手和瘋子等人犯中，決定哪些人要跟他作伴。

我是一名不太一樣的罪客，每個人看到我在這裡都感到很驚訝。「一個法國人，去他媽老二的，難得會有讀書人來這裡！」這是凡卡第二次關押在伊爾庫茨克的中央監獄。他身形削瘦，沒命地喘咳不停，一雙心術不正的眼睛帶著眼屎，原本應該令人敬畏三分，但我卻覺得十分親切。那對深陷在痲子臉上的黑眼珠毫無威脅而是充滿愁緒；它們曾經見識過痛苦的來時路。凡卡話不多，和其他人一樣總是若有所思，計算著他已經服滿的刑期時間。他習慣找我說話；在隔離區裡熱絡起來無須徹夜長談。他告訴我偉大的科爾察克很久以前曾待過這所監獄，也就是白衛軍的最高指揮官科爾察克上將。根據布爾什維克的官方說法，一九二〇年二月，他在冰原上遭到槍決然後被扔進安加拉河裡。但根據罪客和史學家的說法，他更有可能是在監獄裡遭到殺害埋屍。這裡的囚犯經常談起科爾察克。對我們這群苦牢裡的可憐人來說，這就像是沾到一點美麗的傳說。伊爾庫茨克市中心有一座高達五公尺的上將銅像，令人肅然起敬。我還記得自己第一次看到它的時候，說了幾個玩笑話，對軍事獨裁的號召力口無遮攔。我的導師亞歷山大也在一旁附和，表示科爾察克足與列寧相提並論，而後者應該就是除掉他的下令者。「革命和反革命競逐同一個銅像台座！總算見到這動人又偉大的集結時刻。人性真叫人驚訝，但僅止於形式，其內涵究竟有些乏味。它耽溺於食肉的原始本能，沉迷於毫無節制的戰爭與殺戮，才剛從泥淖和灰燼中爬起來，就連忙為偉大的食肉動物立碑造像，然後再次重蹈覆轍。瘋狂的食肉本能、戰爭、殺戮，徒勞地一再重複。何其硬朗！何其疲勞啊！」

凡卡開玩笑對我說，有一天我會留名監獄名人榜，與科爾察克、一對著名的連續殺人情侶檔，和其他幾位我記不得名字的瘋子一起榜上有名。他轉告我在守衛間散布的傳言：伊爾庫茨克聯邦安全局局長想要我的腦袋。他辦到了。要麼我是間諜——不然就是他們認為我是間諜，反正結果都一樣——要麼我很有錢，是個可以敲詐的肥羊。情況不妙，這是肯定的。謝謝你，凡卡。

在隔離區裡，我是五名囚犯中最貧寒的一個，其他人多少帶著一些物品抵達這裡，而我什麼也沒有。我穿著一條輕薄長褲，那件鷹頭T恤和一件外套。舍房氣溫很低，在攝氏零下二十度的低溫裡走動非我所願，但幸好我的靴子很暖和。在一個比我們小木屋大不了多少的磚牆陋室裡，挨著被鐵柵欄隔絕的天空一角來回打轉十五分鐘，效果倒還是立竿見影。這是我的光頭新造型在沒有保護的情況下，第一次被寒氣啃咬的驚心體驗。

與外界沒有任何聯繫，這就是檢疫所的魅力。我們泡在這裡，胡思亂想，但這些就夠我們忙的了。我親愛的凡尼亞，你可要挺下去啊，不過就是想辦法適應而已：適應永不熄滅的燈光，適應監視攝影機、監聽器，適應命令我們起床或呵斥我們不許躺在床上的聲音，適應走廊上震耳欲聾、令人抓狂的廣播；它只有晚上才會停止，到了早上便直接朝著囚室高分貝放送。我們可以適應，我們可以忍受獄卒的刁難和羞辱，還有各種調教儀式；忍受搜身，將雙手背在身後，把頭給低下來；我們可以適應，嚥下腐敗蔬菜浸在豬油裡的每日例湯。接下來，如果還有時間，就去想想未來，思考該如何為自己辯護，推敲外頭的情況，懷抱希望和恐懼，習慣瑪歌變節的想法，還有馴服在凡尼亞沉重腦袋裡不斷重複的童稚聲音：「我爸比在哪裡？我爸比在哪裡？」

今天是情人節，我們在廣播裡聽到的。托利亞垂頭喪氣，他是個已婚男人，很想念太太和兒子。他偷偷擦去幾滴眼淚。我把凡卡當作榜樣，只要他大聲，我就跟著大聲。我們要小托利亞振作起來，我們是長輩，負責照顧最脆弱的尿包，絕不能放任他消沉下去。小子，在這裡可不能示弱啊，這只是剛開始，你不知道在下一個牢房會碰到誰。站起來！不許垂頭喪氣。到這裡來，有我們在你身邊。別一個人待在角落，過來說說話。

半夜裡，我們被叫醒，走出舍房，所有人面對牆壁排成一列。全部跪下，跪下！雙手放在背後！不是蹲下，你這個白痴！跪下！大家竊竊私語，這是什麼情況？給我閉嘴！兩名女守衛故作神祕地笑著。這是我第一次見到她們。她們命令我們回到牢房裡，除了易怒亞當之外。沒有人知道是什麼狀況，他是不是幹了什麼傻事？我們躺回床上等著。亞當跛著腳回到舍房，坐在自己床上，告訴我們這群女守衛正在開趴。今晚有三個女的，卯起來喝酒。媽你個屄，現在開始就要準備挨打了，他接著說，狗娘婊子的，我還以為不會，結果從隔離區就開始！……兄弟們，可要保護好你們的蛋蛋啊，亞當提醒我們，她們會朝你的蛋蛋猛打。可以預做準備的人在長褲裡面再穿上一條四角褲或短褲。我什麼也沒有。歐洲究竟還有沒有給人待的監獄啊？亞當問我。我不知道。托利亞走出囚室，他回來時不發一語、臉色慘白。我還沒來得及聽他分享心得就輪到了我。我走進一個小房間，裡面有電視播放著MV，桌上擺著啤酒和伏特加，有雞肉、洋芋片和醃黃瓜。面對牆壁！你叫什麼名字？凡尼亞。可以閉嘴了！雙手舉起來！抬頭挺胸，凡尼亞，把腳打開！開大一點，笨蛋！一記悶棍打在我預料會挨打的地方，接著背上又挨了一棍。她們命令我重新站好，一隻手抓著我的頭去撞牆，然後將我的雙手綁在鐵欄杆上。給我站好！眼前兩名專業獄卒開始聊天，談論該如何訓練猴子、牲畜和馬戲動物。度秒如年。今天是情人節，女守衛們決定找個樂子或是趁機報復，也許兩者都有，我們無從得知。凌虐過程在笑鬧、音樂、暴怒和高歌中進行，掩蓋了叫喊的聲音。度秒如年。疼痛向上蔓延到腹部，一路直達喉嚨深處，帶著嘔吐物的氣味。度秒如年。我不支跪在地上。低頭看著一隻從我眼前爬過的蟑螂，但是卻笑不出來，也無法像現在一樣告訴自己說，我在成堆的垃圾和害蟲中找到了我身為昆蟲的位置。我還保有一點天馬行空的想像力，還沒完全喪失，只是我現在的意識狀態讓我力不從心。我心不在焉，實際上是飄浮在塵埃中。我嘴裡咕噥低語。第三名守衛剛走進房裡，肥胖身材被緊緊包裹在藍灰色迷彩服裡。她大喊：去你媽的，妳們犯傻了嗎？把法國佬給找來！另外一位說：狗娘婊子的，我們搞砸了！我抬起頭，手持警棍的那位帶著氣惱不已的表情，像是一個玩具給人沒收的小女孩說著：怎麼會這樣？她們七手八腳捉住了一隻蟲子，要牠好好地站直身子。蟲子重拾了人形，恢復了意識。你怎麼不開口，法國佬？我拒絕她們遞過來的水。她們把我押回牢房，一位是剛才棍法精準的運動好手，另一位是問我是否受傷的肥婆。這問題是認真的嗎？她要我檢查看看。檢查？把褲子脫下來檢查！我瞧了一眼，她們也大概看了一下，兩人交換了意味深長的眼神。還好嗎？我不曉得。還好啦，他還能走路。最暴力的那位警告我：如果我敢申訴的話，狗屁倒灶的麻煩事絕對少不了，聽懂了嗎？法國佬，如果你敢透露一個字，下次就只能帶著一顆蛋蛋離開，聽明白了嗎？

我不知道是不是有什麼上級指令，或是她們自行推測出我的申訴可以上達高層。這些都不重要。她們現在有了顧忌，而我又站穩了腳步。我的動物本能要我不做任何回應，無所畏懼也沒有怨懟。我注視那位女守衛的雙眼，剛才是她樂此不疲、手法高明地出手教訓我。肥婆及時出面，一手推開她的同事，把我帶到一旁。她為其他同事的行為向我致歉，這是一場誤會。她是戒護長，保證類似的事情不會再發生，她會盡到督導的責任。這段時間，我最好不要跟律師提起這件事，也不要提出申訴。如果我這麼做，勢必會造成不可收拾的局面。為了以防萬一，這群女獄卒會隨便羅織罪名，把我送進單人禁閉室，換句話說就是讓我下地獄，一切都不會有好下場。她是為了我好才這麼說。

「明白了嗎，法國佬？」

「明白，我不會提出申訴。」

「很高興我們有緣相識，如果你在這裡有任何問題，可以直接跟我說，明白嗎？」

「明白。」

「我的名字叫做瑪麗亞．康斯坦丁諾夫娜。」

我們走了幾公尺抵達舍房，戒護長開門示意我進去，我對那位身手了得的守衛補了一句：「那妳也明白了嗎，『餿咖』？」

餿咖（Souka）可以翻譯成「婊子」、「破麻」或「賤貨」。這個詞代表我還活著，很適應現在的環境。戒護長忍住笑意，就在她關上厚重的鐵門時，我可以聽見她在竊笑。

精於盤算是一種本事。我告訴其他人，告訴攝影機和監聽器，她們放過了我。我很幸運，我是法國佬，沒有人可以碰我。我小心翼翼爬上了上鋪，沒有表現出太多的不方便。其他人一臉疑惑。我躺下後，就不覺得那麼疼痛了。當天晚上，再也沒有其他人被帶走。

我不編故事，從來不無中生有。

不要跟我提起情人節。

12

／

結束隔離

在認識俄羅斯的過程中，我喝到很棒的格瓦斯酒，它是果戈里推薦的一種酒飲。我品嘗了醃黃瓜，就像契訶夫描述得那般美味。有一天在監獄裡，凡卡請我喝俄式濃茶（tchifir），令我感到很意外；所以傳統延續了下來，人們還在飲用這種濃茶，就像索忍尼辛，就像《科雷馬故事》中的描述。五十到一百克的茶葉經過滾煮，熬出一杯濃黑如墨的茶湯，如同麻醉劑般震顫人心。一名醫生指導瓦爾拉姆·薩拉莫夫烹煮這種茶飲，方法記載在儒勒·凡爾納的作品中：

「我見過很多俄式濃茶的成癮者。這是種由來已久的茶飲，發明人不是黑幫也不是司機。雅克·帕加內爾曾在澳大利亞烹煮這種茶飲，請格蘭特船長的孩子們品嘗。『把半斤茶葉用一公升的水滾煮三個小時』，這就是帕加內爾的煮茶法，而您竟跟我說起黑幫和司機！太陽底下果真沒有什麼新鮮事。」

「報告公民長！六二一九號舍房，入住五人，值日生巴爾貝羅向您致上敬意！」

我是今天的值日生，這是我隔離時的第六次值日。守衛把門打開，我已經蓄勢待發，立正站好，其他四名同志站在我身後。我背誦出制式的報告詞，是這幾天聽其他人報告學來的，而且內容也寫在門上。在我身後的每個人吸足一口大氣，然後以部隊作風高聲喊出鏗鏘的「敬禮」。

「Zdrrra !」

舍房檢查開始。我們帶著飯碗和餐具走出舍房，面對牆壁列隊蹲下，雙手背在身後。戒護員進入監舍仔細檢查，掀開床墊、枕頭，用木棍敲打欄杆和床鋪。每天早晨和晚上都有這樣的例行檢查。這裡每天六點起床，起床樂通常是俄國國歌，不然就是隨便一首俄國小調，晚上十點鐘就寢。放風時間是十點半。在戒護員的帶領下，我們默默無聲列隊而行，雙手背在身後，頭微微低下，一個口令一個動作。一般有兩個口令：「齊步走！」和「立定！」停下腳步時，所有人必須就近面對牆壁，雙手背在身後。隊伍會停下來通常是因為遇到一扇關閉的門，或是碰到另外一個走動的隊伍；無論上述何種情況都必須停下來。這是一種調教訓練，大家學得很快，只要專注聆聽主人發號施令。如果不遵守命令就會受罰，最壞的情況就是禁閉室。但最壞的情況背後永遠有更糟的下場，例如那些沒來由的惡整，就像我們知道監獄裡有情人節的存在。

每天七點、十二點和晚上六點開飯。

進行檢查時，舍房必須保持整潔，只要有任何缺失，值日生就必須負責，而且可能受到處罰或是連累其他人受到處罰。所以我用冰冷的水和一小塊抹布徹底清潔地板。公用廁所的部分就比較麻煩了；那地方被溼氣鏽蝕，牆面正在剝落。我們都在裡頭抽菸，惡臭裡混雜了菸味。我們用袋子和塑膠廢棄物自製了一顆圓球，用它堵住排水孔，藉此減少散發出來惡臭，同時防止排泄物回流。但是百密總會一疏，在舍房檢查前一刻必須加倍留心，防堵屎尿回流溢出。今天就和昨天和前天一樣，停水長達好幾個小時，因為我們這一層監舍正在施工。「從現在開始，」托利亞嚴肅認真地表示，「只有提出書面申請，我們才有水可用！」

我從瑪麗亞・康斯坦丁諾夫娜那裡要來了三張紙和一枝鉛筆，算是有了一些進展。其他人興致勃勃地看我成天在紙上潦草塗寫，托利亞問我是不是開始寫回憶錄。他們對我說，我應該記錄下來，而且我也應該提到他們，亞當對這個很堅持。今天，我心血來潮開了一堂法語課，每個人都來聽課並在嬉笑中度過。

把香菸和火柴放在共用的罐子裡，這是我們僅有的財富。每個人入獄時身上都有攜帶，除了我之外。我開心地抽著菸，這是隔離區唯一的消遣。只要能抽根菸，就算雙腳泡在糞水裡也無所謂。

六天後，膚色發生了變化。我們生活在青綠的燈光下，待在一間漆成青綠色的房間裡，大家逐漸沾染罪客的鉛灰膚色。我們排出黏稠的小糞便，就和我們吞下肚子裡的東西一樣。這一切發生得很快。

當罪客向另一名罪客介紹自己，在報上大名或綽號之後，緊接著就是一個很形式化的問題：「犯了哪一條？」

起訴和判刑所依據的法律條文構成了罪客身分的一部分，當然也決定了他的下場。凡卡是竊盜累犯，觸犯第一五八條。他最後犯下的大案子是搶了幾個月前治療他肺結核的診所。其實他並不具傳染力，他立刻跟我說：他轉賣搶來的藥品和醫療器材，最後遭到警方逮捕，原因是被他「稍加」誆騙的買家出面檢舉。但他沒有再對我進一步說明；凡卡不是個會掏心掏肺的人，他憔悴的面容和病體承載著不言自明的痛楚。他將面臨五年刑期，案由符合第二項竊盜和非法闖入倉儲場所。

托利亞從未偷過任何東西，但他觸犯第一五八條第四項。他跟著一群朋友破窗闖進一輛車裡，單純的酒後犯傻。他們打算出去兜個風就將車輛歸還。在這輛奧迪上逞英雄不過幾分鐘，這群阿呆就撞上一輛交警用車。所有人被帶到警局，並對犯行坦承不諱。這就是第四項很妙的地方：結夥偷竊。他們就是黑手黨，各位在座的陪審員，請容我這麼說！托利亞，這個伏特加下肚後行徑荒唐的憂鬱男孩，將面臨十年刑期。

羞愧和焦慮折磨著寡言的柯斯迪亞，他的面容一天比一天憔悴。他觸犯第二六四條。又是一起男性酒醉駕駛的案件。有天晚上，他為了取悅同車女伴演起了賽車手。他沒有喝酒，沒有過量，但卻足以讓他在闖紅燈後，面對突然出現的行人措手不及。對方當場死亡，他巴不得如此，因為這名倒楣女子被撞擊拋飛之後，車輛仍在結冰的路面上繼續衝撞，並在對方身上來回輾過兩次。兩次，是因為他打了倒檔。怎麼會？我一時驚慌失措，我不知道。他確定會被判好判滿：七年。真可惜，他才剛找到工作，準備好忘記在孤兒院的歲月，還有原本要領養他卻改變主意的美國家庭。他有時會想起美國，想起他的娜西婭，他的愛人。她會等他，她會跳鄉村舞，她美極了。絕望就寫在柯斯迪亞無神的雙眼裡，好好的青年成了一蹶不振的啞巴。他坐在上鋪，細瘦的雙腿在空中擺盪。他是我們之中最沉默的一個。每一次他開口，就是令人憐憫的悲慘境遇。他的雙唇顫抖，字句怯生生地懸在嘴邊，就像永遠在演出殘酷劇場。

話多的只有亞當，他從不揭下自己愛嘲弄人的面具。他有一句標準的自介台詞：「大家都叫我易怒亞當。」他是守衛眼中最欠揍的瘋狗，但我看到是一個直爽且生命力旺盛的男人。他想把自己的故事一五一十地告訴我。他觸犯第三三八條，因為公開陷害並侮辱了一位軍事教官。他帶著得意的笑容分享事發經過。他有他的理由。亞當快人快語，毫不費心咬字。我聽懂他的么弟幾年前過世，但不太清楚具體的情況。總之他是個惹是生非卻善良無比的孩子，而一名醉醺醺的警察卻葬送了這個年輕生命，將他活活打死。過程中，他年僅十歲的小弟奮力保護自己，憤怒地以拳頭還擊。有目擊者說他是因為暴怒而死。粗暴的警察將他壓制在地，打斷了他的肋骨，打爆他年輕的肝臟。母親因此發瘋，亞當成了易怒的猛漢。

時光流逝，亞當畢業後入伍當兵。他試圖逃避，但是俄國男子都必須服兵役。他相信自己在部隊中認出了那名條子。很有可能，這名警察當時只被記了申誡。亞當到處打聽，沒錯，殺害弟弟的兇手成了一名軍事教官。有天晚上，他夥同幾位弟兄設下圈套，成功將這名混蛋捆綁起來。一夥人將他關進森林深處的一間廢棄小木屋。當時亞當有個計畫，準備誣陷對方逃兵。軍中長官和同袍其實並不喜歡這名教官，加上他最近才調來這裡；一切都很有說服力，特別是只要有士兵願意出面指證。亞當這夥人有好幾位出面指證歷歷，眼看計謀就要成功，一切就緒便等著最後逮捕的大場面。亞當原本計畫放走教官，巡邏隊立刻就會將他緝捕回營，關進禁閉室裡，然後經過指控審判之後，他將會被判處最大刑期：十年。但是，在易怒亞當打開小木屋的門時，竟空無一人。那混蛋自行脫逃，而且剛現身在基地裡。他的狀態十分糟糕，渾身打顫，身上沾滿了自己的屎尿排遺，而且無法說出一個完整的句子。這件事鬧了一整個晚上。軍方著手調查，開始點名，結果發現亞當不見了。這件事一旦曝光，絕對會重創整個軍營，有些人勢必人頭不保。一身屎尿的教官被遠調他處，派駐到新的地方。亞當點名不到，遭到起訴。第三三八條。他和所有的逃兵一樣，面臨十年刑期。一干同夥轉成汙點證人。亞當是我們之中唯一享有特殊地位的囚犯：他只有拷上手銬才能走出舍房。這是法條的規定。放風前，他會背對大門讓守衛透過送餐口為他上銬，然後他必須先走到門外，我們才能跟著離開。

看吧，易怒亞當，我遵守約定寫下了你的故事。

最後是凡尼亞，他背負著沉重的包袱：第二四二條及其延伸內容。罪客巴爾貝羅，外號法國佬，被控攝製色情檔案並在網路散布，其中部分涉及不到十四歲的未成年人，可處八年徒刑。

監獄自有它的一套邏輯、規範和道德標準。放眼全世界，它們幾乎如出一轍，這是件很不尋常的事。幾乎在所有的監獄裡，受刑人都認為情節重大的謀殺案不是什麼不光彩的罪名，但性犯罪是，強姦罪尤其如此。強姦兒童的罪犯是人間的殘渣敗類，必須嚴加懲辦。若是不將這些人和其他受刑人隔離，他們的平均壽命往往不長。我沒有被控強姦，但是第二四二條可能會將我歸入戀童癖之類的醜惡類別。

「而且切記，」托利亞對我說，「在下個監舍夾緊你的屁股，而且洗澡時一定要背對牆壁！」亞當要他別拿這些來開玩笑，凡卡往他的脖子後方彈了一指。我很想一笑置之。大家都在安慰我，為我操心，討論著我的案子。傳言對我有利。我很快就明白誇大傳言是很要緊的一件事。有傳言指出我被聯邦安全局盯上，我是名政治犯。但是如果聯邦安全局真的是幕後黑手，我不久之後的下場比起性罪犯也好不到哪去。罪客就是這麼可悲，總是在那剃光的腦袋底下，不眠不休地上演各種小劇場。托利亞還在繼續他的無稽之談，勸我絕不要獻出自己的屁眼，但是可以同意來爽個一炮。這當然是玩笑話。凡卡要他閉嘴，然後態度堅定地向所有人提出一項建議：「如果有什麼情況發生，你可以在脖子上割一刀，我們會把你送去醫務室。」他不是在開玩笑。

我們的討論跨入了另一個層次，毫不費力就往陰謀論和諜報片的方向岔題。所有人都斷定我有所隱瞞，我的身分不明。一名入獄的「文化人」，很明顯是個矇騙的幌子。但是他們能夠理解，對我的想法心裡有數，後來也就不再追問，因為顯然我什麼都不會說。

「你是誰？」托利亞睜著那雙熱烈的大眼，從瞳仁深處禁不住地追問，「我想要搞清楚。」

我是誰？兄弟們，就跟你們一樣，眾罪客裡的一名罪客。兄弟們，你們開口請託，我就為你們動筆。托利亞，依你所願，遠至巴黎都有讀者唸著你的名字，有人會說小托利亞在情人節那天落淚，思念著他的妻兒；也有人會說他是條好漢，在蠢蛋節派對當晚沒有掉一滴眼淚。

我沒有編故事，文學有時無須費心想像。

13 ／ 六四五號舍房

一位獄友讓我有緣讀到伊戈爾・古柏曼的四行詩選，我翻譯了第一篇：

「加油，我對自己說：堅持下去，天主嚴厲，
但追根究底，沒有嘗過坐牢的滋味，就別想在俄羅斯生存。」

廣播宣布：「巴爾貝羅，把東西收拾好！你有五分鐘。」

我不確定自己有沒有聽錯，亞當跟我說：「凡尼亞，你搶到頭香，要離開這裡展開新的生活！祝你好運啊，小兄弟！」他握了我的手。所有人都在為我打氣，場面像是在激勵即將登場的拳擊手或是首演之夜的演員。我很緊張，更恰當地說是被焦慮所籠罩。我知道這種焦慮的感覺，畢竟我曾上台面對公眾，但我從來不會驚慌失措。我進入一種心無旁鶩的狀態，只聽得見內心的聲音：你有能力承受打擊，絕不會卑躬屈膝。凡尼亞，你可以隨遇而安。你很清楚，你擁有無窮的潛力。呼吸，輕鬆面對。只要對手放鬆戒備，你就會出手還擊。

我幫腸子解除惱人的負擔，拉出如蟲糞大小的青屎。至於打包的工作，三兩下就收拾完畢。我什麼都沒有，只有報到時獄方配給的物品：幾條床單、一根牙刷、一把不鋒利的刮鬍刀。我準備好了。

門鎖傳來熟悉的鏗鏘聲，鑰匙轉三圈宣告沉重大門開啟。在走廊上，戒護員對我進行例行搜身。上路吧！

在我看來，兩地之間的距離並不遠。我以備戰姿態進入新的牢籠。我心想，自己一下子墜入第九層地獄，現在必須壯起膽子來。但現實卻令我大吃一驚。六四五號舍房瀰漫一股溫馨暖意，一種超自然的愜意。室外沒有任何震耳欲聾的音樂，室內安詳寧靜。迎接我的面孔既不討人厭也毫無敵意，頂多就是掛著情有可原的戒備心，他們也同樣可以在我臉上看到——一張蒼白面具，但是塗滿了作戰的偽裝，所有人都有目共睹。這裡有冰箱、電茶壺，甚至還有電視。我第一眼就注意到有個紅色打火機放在一盒菸上。這是什麼魔法？在我待過的世界裡，這可是違禁品。桌上的防水桌布簡直是不可思議的至寶。薩尼亞大叔示意我坐下，約瓦大叔請我喝茶；兩人恭候多時。這是餅乾？還有糖果？我二度落入奇幻世界之中。兩人告訴我舍房老大戈里夏等等就會現身。這裡有些規矩，他們之後會說明。等到老大來了之後，大家再介紹彼此，不用擔心。我內心誇張的小劇場開始瓦解，心裡感受到某種像是喜悅的東西。

我的名字？尤安、約安、伊凡、凡尼亞，你們愛怎麼叫都可以。「約安・格洛茲尼，」薩尼亞大叔高喊，「是恐怖伊凡！」才剛說完，戈里夏就走進來。他無情打斷才剛建立起來的友好氣氛：「凡尼亞，你以後在這裡都叫凡尼亞，大家都會這麼稱呼你。」戈里夏身材矮小，咄咄逼人的鼻子像鳥喙從臉部向外延伸。他在我面前坐下。他是哈薩克人，說話速度讓人很難跟上。他詢問我入獄的法條，同時表示他什麼都知道。我詳細說明了情況，表明我的清白，同時提及令我窮於應付的各種麻煩，當然還提到了聯邦安全局。好，好，他都知道。這些我們之後再談，也許他可以幫我。接下來就輪到他的長篇獨白。

「我叫做戈里夏，負責這間舍房的一切事物。我在這裡已經五年了。我被判處各式各樣的罪名，說也說不完，這些不重要。幾個月後，我可能會被引渡到哈薩克，那裡有另一所監獄在等我。關於我的部分，已經全部交代清楚，沒別的東西，也沒必要再追問。這裡的生活還算過得去，但是必須聽我的，而且要遵守規矩。你聽好了，第一條：我們之間沒有謊言，也不容許謊言的存在。我們有說實話的責任，永遠不要對我說謊，你永遠都不會說謊，明白了嗎？如果信任被破壞，舍房裡的一切也就跟著瓦解；第二條：你不會告訴任何人你在六四五這裡的生活。任何人都不行，永遠都不能說，包括你的老婆、律師、訪客。任何人，明白了嗎？如果有人問起，你就回答一切都很好，但很辛苦，然後說些無關緊要的事情。你看到掛在我床頭上的聖像了嗎？這是違禁品。那邊的木頭傢俱，違禁品！電動遊樂器，特權玩意兒！違禁品！還有其他的東西，你之後就會明白。進來舍房的守衛都知道情況，但是你最好不要亂說話！把你的嘴閉上才最重要。你是這裡的罪客，換句話說就是連屎都不如。我們只能任憑那群混蛋的宰割。他們可以痛打我們，折磨我們，把我們羞辱到無地自容。他們監聽我們，監視我們。攝影機就在那裡，你看到了嗎？今天，他們是好說話的朋友，我的恩人，生活很美好，但是明天誰知道？一切都可能豬羊變色。切實遵守這兩條規矩就不會有事，其他的由我出面。關於作息安排和行為準則，你會慢慢上手，我們會教你。看仔細，守規矩。」

一名守衛在門上敲了兩聲。送貨！食物從送餐口送進來。年紀最輕的幾個受刑人展現媲美芭蕾舞姿的俐落身段：貓跳、滑步、兩個翻滾，冰箱一眨眼就裝滿了食物。罐頭、餅乾和中式麵條存放在床底下，幾條香菸藏身櫃子中，桌子上則出現幾塊肥美多汁的肉，上頭撒滿烤洋蔥和各色香草，配上鬆軟的煎餅，成就了一頓豐盛佳餚。

一群人圍桌而坐，總共有七個。在我對面的是優勢雄性戈里夏，還有幾匹老狼，薩尼亞和約瓦大叔，以及跟我同年紀的野馬，最後是兩名小夥子，艾利歐夏和紅毛。我像是隻學步的狗崽，游移不定。吃吧，吃吧，戈里夏對我說。離開隔離區之後，得要好好補充體力！這裡的一切都是大家共用的，你想吃飯、喝水、抽菸？請自便，凡尼亞！

稍晚，紅毛帶著一本筆記向我走來，裡頭記載至少過去十年待過這間舍房的所有受刑人姓名和位階。紅毛負責六四五號舍房的整卷工作，在停留這段時間扮演檔案員的角色，建立簡明扼要的人物誌：用幾行文字描述受刑人。不過有個非常重要的訊息，他開口要我提供：我是男人、紅軍還是雞仔？就像善心的阿達爾貝隆在其著作《羅貝托國王之歌》中，透過四百三十五個六音步詩句告訴讀者，在他當時身處的社會裡存在三個等級，而今日的罪客社會也由三個部分組成。也許有某首詩歌記載了這種組織方式，我不清楚。以下是我給紅毛的回答；我書念得不多，得請擔任文書的他指點迷津。他一時為難向戈里夏求助，卻吃了排頭。「你就寫是個男人，媽的，在房裡只有男人而已！」後來他向我解釋，拉昂的阿達爾貝隆在一〇二五年寫道，有祈禱的人、作戰的人和種地的人。一千年後，在西伯利亞的監獄裡，有受人尊敬的人、挨揍的人和被肛的人，也就是男人、紅軍和雞仔，哈薩克的戈里夏沒頭沒腦地表示，連眉頭都沒皺一下。

今天到此為止。晚上十點，廣播命令大家就寢。我睡覺的地方就在冰箱旁邊的上鋪，非常地安全。冰箱剛好權充床頭櫃，可以讓我擺放紙張，還有後續送來的筆記本和書本。野馬給了我第二張床墊，將頭幾個晚上摧殘我背部的鐵十字橫桿好好地隔絕開來。我們睡的床架簡單粗獷，是做工精良的冶鐵製品。這裡總共有五組雙層床架，目前還有空床。舍房大概有三十平方公尺，不會讓人覺得侷促。我躺在床上，疲倦感來得正好。我從上鋪靜靜觀察六四五號。十點過後，燈光黯淡下來。這裡不再有隔離區那盞徹夜照明，像是在攝影棚拍片的可恨頂燈。獄友們安穩地打鼾，除了戈里夏。我看見他的眼睛盯著電視螢幕，看見他修長手指的影子，它們正在撥弄電玩搖桿。在那面張開來遮擋電眼耳目的被單後面，隱約可以聽見槍聲和爆破聲，戈里夏在裡頭用手榴彈和卡拉希尼柯夫衝鋒槍奮勇殺敵，發洩他的憤怒。

14 ／ 會客與放風

入獄第三十天，我在日記上抄寫並翻譯古伯曼的另一首四行詩：

「監獄不是單純的三教九流，不是一處殘渣敗類物以類聚的化糞池；

矇昧和模糊的念頭在監獄裡誕生，人類的智慧也可以說就此獲得了啟蒙。」

隔天一早，廣播要我準備好會客，我對探視者的身分感到好奇。會是瑪歌嗎？尤里？亞歷山大還是維克多？還是大使館的人員？

我動身出發，雙手背在身後，試著搞清楚自己在什麼地方。我們在樓梯上上下下，穿越巨大長廊。他們帶我走進代達洛斯的傑作，想要理出任何頭緒都是白費心機。我後來才知道這裡關押超過一千名受刑人，也許有兩千人正在這惡名昭彰的迷宮裡受苦。一路上多次停下腳步，面對牆壁，沉默等待其他受刑人走出舍房加入會客的行列。經過嚴格的搜身之後，一行人重新上路，魚貫地往律師會客室移動，這是我的理解。

走廊上，我見到卡爾波或傑利柯畫筆下的受刑人臉孔，有耶羅尼米斯・波希描繪的奇幻生物，還有習慣被人搧耳光的嘴臉。這些嘴臉訴說著人生，他們的人生，就只是一場沒完沒了的耳光。我見到厚重虯結的大塊肌肉，留著口涎的米諾陶洛斯，但卻少有俊美的希臘雕像，多半是泛黃、削瘦、蒼老的面容——其中一位加入了我們的行列。我見到與爛牙和鑲金齒冠為鄰的新牙，生有頭癬無法啃咬的侏儒，一群非人的驕傲犬隻，是擁有特權的得力助手——牠們有權利啃咬——當然，也有形同犬隻的人類，特別是當他們跪伏在地，從送餐口匍匐外出的時候——他們有權哀嘆或乞憐。我見到了瘋子、傻子，驚恐的眼神、窺探的眼神，還有最後在玻璃窗倒影裡我自己的眼神。兩顆圍著一輪黑圈的茫然眼珠，掛在一張被鬚髯侵吞的臉孔，一張從茶褐泛成黃褐的臉孔。

舍房有兩人外出會客，我和薩尼亞大叔。抵達玻璃窗會客室外的厚重大門時，我們總共有十個人。我依指示前往會見一位面皰金髮男，他已經坐定，面前放著一只朱紅色手提箱。他站起來，迅速遞給我一封瑪歌的信，信中委任他擔任我的律師。三頁信紙寫滿歪斜的細小字跡，夾雜不安的垂直筆畫、插入語和追悔，一切都在懇求我的信任，相信她、相信這個男人；只要齊心協力，我們就可以走出困局。馬克辛二十五歲，在一位名律師手下做事，我聽過這位律師的大名，總能成功擺平一連串光怪陸離的案件，因而博得了老狐狸、老混帳和門路上達天聽的強人名號。我向這位年輕的助理打聽，為什麼檢察官會採信瑪歌的證詞將我關押在牢裡，他立刻打斷我：怎麼會？為什麼？其實，瑪歌從來沒有指控我，而是迫於壓力簽下五行荒謬聲明，才得以免除牢獄之災；他人授意的五行文字，詆毀名譽的五行內容——是的，指控我會對證人不利。「怎麼樣不利？什麼證人？哪一條罪名？」這名熱血青年十分氣憤，面容漲成了皮箱的朱紅色。他們沒有對我不利的證據，瑪歌站在我這一邊。不過話說回來，其實的確有件事，一件遠比案件偵查更嚴重的事情。他的老闆動用人脈，發現這樁陰謀背後是聯邦安全局在搞鬼，一切都在祕密進行。必須籌措資金收買這群無賴，一切才能平息。畢竟什麼警察、安全局、黑手黨，全都是一副德行，全都想勒索敲詐。他會負責搞定，但是需要時間和兩百或三百萬盧布試試水溫。我草草寫了封信回覆瑪歌，並在文件上草簽，同意馬克辛和他的老闆擔任我的律師。

「您在新的舍房裡還習慣嗎？」他在離開前問起，「比之前在隔離區的好多了吧？為了這件事，我出面表達關切——別謝我，不必，瑪歌付了錢，我們才能安排這個比較舒適的舍房。我的意思是不那麼折磨人，比較人性化。我可以理解監獄對一個文化人來說有多難熬，但是我們會留意您的羈押環境。我過來的時候寄放了一些補給品，等一下就會送過去。」

他已經站起來，但呆立了半晌，似乎突然想到了什麼事。他把手伸進朱紅色皮箱裡，從裡面拿出一條紙船，塞到我手中。

「你女兒要送給你的！」

他告辭時祝我好運，要我加油，承諾很快會再來看我。

摺紙是狄安娜最喜歡做的一件事情，整個公寓都被她擺滿了各種顏色的摺紙動物、小船和花朵。她總是習慣性地送我小船；我的書桌上已經部署了一整支船隊。這次是一艘藍色的小小船。

在罪客的腦袋裡，風暴總是接連來襲並一再出現，有時只需要一張紙上的幾道摺痕。在戒護員出現門前，準備帶我回舍房的時候，我心想，我的身體已經神遊遠方。金髮小夥子一番話所點燃的模糊希望開始發酵，它立刻釐清了我對瑪歌因愛生疑的態度，一切都起因於一條藍色小船，和它船身上用原子筆勾勒的成串小愛心。我的身體出現了狂喜或痴呆引發的所有症狀；我凍住了。我想在我面前的白紙上寫些什麼。我必須看清形勢，冷靜下來，不要一時得意忘形。我寫不出任何字句，它們全都凍在冰裡。

「巴爾貝羅，你先別走，」監所人員對我說，「你還有別的訪客。」

我還沒來得及表示驚訝，一對男女就出現在我眼前。我的感官進入警戒狀態。弗拉迪米爾和娜塔莉向我問好，前者沒說什麼就遞了一封父親的親筆信。這封信上有許多人署名，簡明用字道盡了朋友和家人對我的支持，他們很清楚我是無辜的，是受害者。他們不信任瑪歌，雖然她保證自己站在我這一邊，但是大家都懷疑她陽奉陰違。我一定要小心提防，堅定拒絕年輕的馬克辛出面為我辯護。我當下一頭霧水。我眼前的兩位律師是尤里建議的人選，並受到我父母委託。他們的第一句話就是說服我別再聯繫瑪歌的特使，當然也就是斷絕與瑪歌的一切聯繫。「俄國女人是本性難移的超級婊子，你最好認清這一點而且小心防範。」弗拉迪米爾表示。他的表妹助理娜塔莉出面指正：「不是所有的女人，弗拉迪亞，並不是每個女人都這樣，但這種現象確實眾所周知而且有所根據。」兩人不認為俄國安全局有涉入，但他們尚未取得完整檔案，因為檢方有權不公開。偵查仍在進行，之後勢必會有一場法庭攻防。必須做好準備對抗瑪歌，還有那一幫流氓黑警和野心勃勃的法官及檢察官。他們出動了十五名調查人員，要把我撕成碎片，必須要有心理準備，這事非同小可，但這對表親依然信心十足。我們會贏得勝利，不會走到起訴那一步。

無論是瑪歌還是狄安娜，調查人員一律禁止她們探視，不可能有機會和她們說話，也不可能有通融的餘地。我的父親和姐姐再過幾個小時就會抵達伊爾庫茨克。

我仔細觀察弗拉迪米爾的一舉一動；他撥弄白髮時的單根手指，他用食指和拇指持握鋼筆的輕柔手勢。他的遣詞用字生硬無情，接著搭話的娜塔莉則語帶溫柔，嗓音也充滿溫度，配合舞動的彩繪指甲，令人感到十分放心。在墨鏡的偽裝下，我很難看清弗拉迪米爾究竟帶著何種眼神；娜塔莉的雙眼則像是迷失在一張豐潤的臉上，有時會讓人覺得它們就此失去蹤影，只剩下兩個小小的塌鼻子或是兩張催眠人的橢圓嘴巴在對我說話。

我在疑懼中簽下文件，委託這對表親擔任我的辯護律師；男方主導案件，女方負責支援。後來，我才向弗拉迪米爾說實話。當天在會客室裡，我滿腹疑惑：在我面前的是要帶我走出地獄的人還是魔鬼的化身？當然，兩者都是。

我回到舍房，獄友們正在換裝準備外出，而我還沒有收到任何衣物。瑪歌轉交了一袋物品，但偵查人員將它扣下，讓我好好回味從隔離區帶過來的味道。野馬從備用衣物中找了件T恤和套頭毛衣給我。一夥人往放風區前進。監舍屋頂上有十來個混凝土隔間，每一間都有鐵格柵隔絕屬於它的一方天空。每個空間幾乎比舍房大不了多少，我們可以在裡面繞著圈子走十五、二十分鐘，享受新鮮的空氣，欣賞由天空鋪蓋而成的藍色小頂棚。一開始我試著走直線，但是沒多久就決定隨興兜轉。

我和薩尼亞一起小跑幾分鐘。我做了幾次側併步和重心轉換的練習；身體還記得從前在網球場上的熱身運動。我在為一場比賽做準備。對著屹立不搖的攝影機，對著鋼筋水泥牆，對著柵欄後的天空，對著兩旁的小雪堆，對著露臉的太陽，當著所有人的面，我宣告自己已經準備好了。監獄不是讓人醉生夢死的地方，弱者遲早會在這裡送命。「犯人的優勝劣汰在眨眼間就完成了。」有天當我在會客室抱怨時，弗拉迪米爾告訴我說。那是我第一次也是唯一一次訴苦。你很快就會栽入深淵，很快就會為獵物、紅軍或是雞仔。監獄是種精神和肉體的鍛鍊，是場表演、苦行和抗爭的過程。

薩尼亞大叔問我知不知道維克多·雨果有一幅傳神描繪監獄放風的畫作。我相信他的說法，這幅畫可能真的存在於某個地方。有一天，我會去查個清楚。我向他說起了《瑞丁監獄之歌》，當奧斯卡·王爾德提到猴子和小丑在無聲中不停旋轉的段落。我想不起確切的詩句，但卻留下深刻的印象，也很篤定內容是在描述放風的過程。

我們在圈子裡互相拉扯

就像踩街表演的小丑！

不要緊，因為我們是

那該死的悲摧大隊：頂著光頭並趿著腳鐐，

何等歡樂的假面舞會！

每次在屋頂上放風時，我都會看見威尼斯總督府頂樓上的鉛牢，想起一七五六年十月三十一日越獄的卡薩諾瓦。他在被陷害入獄之後，心裡的第一個念頭就是逃出監牢。我在原地來回打轉，抬頭看見賈科莫．卡薩諾瓦在鉛皮屋頂上平衡自己的腳步。有時候，我還會看見一隻在鐵絲網中穿行的胖黑貓，是比希莫特。自從失去頭顱的那個十二月天，牠就從未離開過我身邊。接下來的日子裡，牠來探視我，找我說話，痛罵我，原諒我。在我進了西伯利亞的監獄之後，牠一直保持著適當距離。我再也沒聽見牠的聲音。

罪客的一日就是永無止境的重新來過。早上六點，廣播放送起床號，大家用冷冽的水進行簡單盥洗。我們很快喝下每天的第一杯茶，然後吃早餐。大家端上凝結的白乳酪，將它拌入鮮奶油和煉乳，還可以加入手邊現有的水果。舍房所有人圍著一只大沙拉盆坐下，使用自己的鋁湯匙分食。餐畢後，在晨間內務檢查之前，將桌子和地板打掃乾淨。大家走出牢房，接受搜身，獄方仔細檢查房裡的內務。十點左右開始放風。中午，大家在外頭野餐，我吃了一點乳酪，一顆水果或是臘腸，也常吃沖泡熱水就能食用的中式麵條。我們成天待在廁所裡抽菸，舍房每天可以消耗上百根香菸，甚至更多。六四五號舍房的通風系統很簡陋，牆角有黴菌和溼氣常駐，空氣十分汙濁。日子一天天過去，每個人在無所事事中瞎忙，都待在屬於自己的地獄裡，我也不例外；我成天書寫、閱讀。當然，這麼說是有點誇張。我們偶爾還是會聊天，我會幫忙約瓦和薩尼亞完成填字遊戲的空格。我學會了風行俄國所有監獄的「納迪」（nardy），也就是其他地方稱為雙陸棋的遊戲。晚飯大家一起吃，都是些不太講究的菜餚，一群人團聚在一起。隨後重複每天早上的慣例：清洗地板，守衛上門，我們走出舍房接受搜身，獄方檢查舍房；一切自成循環。廣播在晚上十點宣布就寢，燈光黯淡下來。一切又會在隔天六點重新開始。有時獄方會在深夜發動突擊檢查，帶著一批讓人清醒的警犬，這也是例行作息。每個週日，我們會進行每週一次的大掃除。舍房的每一平方公分都經過仔細清掃，六四五號房變得一塵不染。每週一次，我們會前往浴室淋浴，順便清洗襪子和內衣褲，再將衣物放在暖氣上烘乾。我們擁有每週使用一次洗衣機的特權，可以清洗床單和一些衣物。戈里夏負責打點守衛，我們會用一些好處和情報來換取香菸和食物，由監所福利社負責配送。這裡每件商品的售價都是平常的兩倍，必須要有足夠的本事才行。我將物資清單轉交給律師，請人送來為數可觀的香菸和其他物資，因此而鞏固了自己在獄友間的地位。

只有廣播聲可以擾亂既有的秩序，點名罪客前往會客。這是脫離常規作息的例外情況，遠離獄友的一次喘息，也是在走廊上長途步行的機會，因為六四五號舍房位在監獄的另一端。這未嘗不是件樂事。

有一天，廣播命令我把鬍子刮乾淨準備會客。這次的路線與以往不同，戒護員放我獨自一人在不知名廊道上，在一處潮溼、狹窄的牢籠中等待。等了一個鐘頭，我有了個荒謬的想法：獄方把我忘了，忘在獄中的某個隱蔽角落，再也沒有人可以找到我。但終究有人出現，帶我穿過一扇又一扇的鐵門和緩衝區，最後抵達一間辦公室。裡面是我認識的法國副領事，他身邊是監獄的典獄長；這是我第一次見到他，他也是初次見到我。在這個高尚的世界裡，出現了一個體面罪客的嘴臉，頸上毛髮剃得乾乾淨淨；監獄的廣播設想得真周到。

我經歷過幾次這類訪視，見過不同的人。雖然副領事終究還是副領事，不過每一次卻又不太一樣，但也不全然是另一個人；遠從莫斯科前來，有些慌亂、有些同情我的一位狀況外人士。這次會面是在典獄長辦公室進行，看似是種禮遇，但其實更像宣誓我被牢牢抓在俄方手裡。我們在典獄長和兩名戒護員的監視下交談，一字一句都有口譯進行翻譯。四周是淺色的原木裝潢，我座位旁有一尊被蒙上眼睛的象徵性小雕像，眼前則是一缸水族箱。從熱帶海域被放逐到西伯利亞的魚兒無止境地優游著，往來穿梭的官員們則呼應著一來一往的橙藍絲光小魚兒。副領事的來訪是為確認我的羈押環境沒有問題。他謝過典獄長，後者逮到機會便大肆讚揚我入住的「VIP」舍房，還有他們精心為我安排的優質室友。我點點頭，表示自己非常滿意。不過我還是詳細交代了遭到逮捕的過程，以及剛被捕時受到的暴力對待。典獄長於是連忙強調這所監獄周到的地方：罪客入獄時身上有任何肉眼可辨的擦傷都會記載下來，獄方已經將我的情況記錄在案，不過完全無須對之前發生的暴力毆打負責，而且我完全有理由投訴那位暴力警察。他祝我好運，希望我早日出獄。副領事通常只會賣弄幾個沒人聽懂的法律術語，畢竟我們現在身處兩個不同的世界。有一天，他用十分隱晦的說法，暗示我大使館要找出陷害我入獄的藏鏡人和他們的動機。還有一次，他利用翻譯缺席的空檔，發自內心對我說出那些無濟於事的抱怨：「為什麼要關押一名法國駐外人員，如果他是無辜的？在這起事件中，俄羅斯究竟有什麼好處？我們實在想不透。」

我運氣很好，經常被叫去會客。米海伊也成功插入候見的隊伍中。第一次會客，她帶了一瓶干邑感謝典獄長。她提議送葡萄酒過來給我，並要求偶爾可以和我一起處理法協的會務。這個異想天開的想法，讓我的精神為之一振。典獄長顯然有些為難，十分婉轉地表示監舍裡一律禁止帶酒，不過我可以帶走一塊氣味令六四五號獄友大感不滿的卡蒙貝爾乳酪。幾週後，米海伊帶著一位翻譯隨行。這位女性友人負責為典獄長翻譯，但內容與我和米海伊實際對談的內容完全無關。她還帶來一些新消息：瑪歌簡直就是個行走的謎團。她與外界隔絕，經常發表一些大驚小怪、不知所謂的言論。外交圈對此感到震驚，似乎沒人明白在與莫斯科相距五千公里之遙的地方，怎麼會有這樣失控的情況發生。我收到大使的一封來信，帶著字斟句酌的虛情假意和如下結論：「我們已經全體動員，與俄羅斯聯邦當局保持密切聯繫。」我將這張廢紙退回給米海伊，現在我只對她放在桌上的大袋子感興趣。我帶著一雙餓死鬼的眼睛問道：「妳帶了書過來？」她點點頭。可以看書了，終於。面對一間紀律嚴明的監獄，我們得去適應它那吹毛求疵的邏輯。想把一本書弄進來遠比一塊卡蒙貝爾乳酪難得多；所有書籍都必須經過審查，並透過捐贈的名義，典獄長向我們詳細說明程序。米海伊屈服於這套繁文縟節，幾天後所方就送來一箱貴重貨品，書頁裡蓋著「伊爾庫茨克中央監獄財產」字樣。

- 《羅馬衰亡寶訓》，傑羅姆・費拉里著
- 《拉封丹寓言》，拉封丹著
- 《致外省人書》，布萊茲・帕斯卡著
- 《伏爾泰：他的青春和他的時代》，羅傑・佩雷菲特著
- 《空心樹中的瘋孩子》，布瓦連・桑薩著
- 《無膽文學》，皮耶・祝爾德著
- 《鏽與骨》，克雷格・戴維森著
- 《法俄詞典》

我列出這些書單是基於實用目的，好讓之後懂法文的受刑人可以向伊爾庫茨克監獄的行政部門借閱。這些書全都來自米海伊自己的書櫃。書架層板上擺著什麼書你就是什麼樣的人，這份書單也勾勒出米海伊的為人。

從一開始，這個被我稱為皮耶・理察的西伯利亞小警官——演技獨一無二，

是個如假包換的混蛋，道貌岸然且極度危險；他保有天才演員具備的一切戲劇天賦——這個自以為是的袖珍金髮男，沒錯，就是他讓我萬劫不復。他有本事阻礙我家人前來探視；數度駁回長達幾個星期之後，他才願意簽發一紙會客許可。我的姐姐和父親在玻璃窗後等我，我們透過一只受到監聽的話筒交談。姐姐貝芮妮斯用她一雙委屈的大眼告訴我，瑪歌和狄安娜已經離開俄羅斯，沒有人知道母女倆的下落。所有的聯繫管道都中斷了，銀行存款提領一空。瑪歌的遠走高飛等於回答了所有人的疑問。我父親的神情像個備受煎熬的教練，只能眼睜睜看著他的球員再也無力挽回頹勢。

一九七〇年代，在網球運動逐漸普及的時候，我父親開始嘗試自學，先是研讀教科書，然後對著牆壁不厭其煩地擊球回球；幾個小時、幾個星期，然後是累月經年地追逐著那顆黃色小行星。網球成了他的職業，但不僅止於此：它是一種昇華自我、重獲自由的途徑，幫助他離開十六歲被迫進入的痛苦辦公室。網球是藝術也是哲學，是他的處世之道。他先後擔任過球員、教練然後是主審裁判。我也打過網球。

就像是從前經歷過的風浪，我父親把我的案子看作是一場比賽，只是這一回的規則大有問題，選手程度令人生畏，比賽環境極為惡劣。但是他和我一樣投身賽局裡；在球場邊，在觀眾席，在我們之間那塊厚重的玻璃板後面。我試著要他放心，但證據卻對我不利。第一局以羞辱人的一敗塗地完結，我不熟悉場地也不識對手身分。賽局已經開始，我卻還坐在選手椅上，呆望著一把沒有穿線的球拍。

15／袖珍肖像

彼得・克魯泡特金曾待過俄國和法國的監獄。一八八七年十二月二十日，他在巴黎演講：

「很快地，反社會的積怨侵蝕了囚犯的心靈。凡是壓迫他的人，他一概發自內心加以仇恨並對此習以為常。他將世界區分成兩個部分：他和其他受刑人所屬的世界，以及由典獄長、守衛和監所人員所代表的外部世界。在受刑人全體和其他沒有穿上囚服的人之間，形成了一道對立的界限。囚犯與他們勢不兩立，任何可以矇騙這些人的行為都很可取。一但被釋放，囚犯就會將自己的道德觀付諸實踐。入獄之前，他可能是魯莽而犯罪；現在，他擁有屬於自己的人生觀，用左拉的話加以總結就是：『善良的人豬狗不如！』」

在戒護員的監視和默許下，戈里夏每天大部分的時間都在走廊上，安排走私和各種勾當。他與外面黑手黨的關係十分密切，因為外部需要照應內部而反之亦然；他扮演十分重要的角色。儘管如此，他有時也會一整天杵在舍房裡，採亞洲人蹲姿，一張臉貼著螢幕，專心解決各種奇幻生物。只是階級權勢是流動的。有段時間，六四五號王國繁榮昌盛，香菸一條條堆積如山，糧食也十分充裕。我們在這裡可以取得一些違禁品：玻璃杯、一把我們在電眼拍不到的角落裡使用的小刀、廚房用具、兩幅聖像、一個木櫃和電視遊樂器。

所方預告檢察官即將前來訪視，打亂了我們的組織分工；現在突擊檢查隨時都有可能發生。基於和守衛的默契，我們不得不將違禁品暫時寄存在隔壁牢房。原本覆蓋在我們斑駁桌面上的桌布就和其他的物品一樣，全數人間蒸發。當天，每個人都很沮喪。六四五舍房突然赤裸呈現在眼前，我們只剩下那張千瘡百孔的桌子。戈里夏重拾他帶著鷹鉤鼻的臭臉。某個週日，冰箱空了，獄友們圍著一碗煞有介事的「沙拉」坐下，裡頭摻拌了乳酪絲、大蒜和美乃滋，將它塗在麵包上就成了缺糧時的雜燴料理。我竟然喜歡上了這種滋味，人真的什麼都可以將就。檢察官訪視之後，所有物品重新上架，除了那張徹底遭到沒收的桌布。監所人員告訴戈里夏六四五號裡可能有「死娘炮」，此舉是為了確保監視畫面中的桌子底下不會有任何違紀的不當碰觸。

戈里夏在走廊上接觸的對象三教九流，可以獲得各種情報，並藉此幫我打聽律師的風評。他向我證實那位金髮男是位禿鷹律師，我會被安排入住六四五號舍房完全與他無關；他根本沒有任何影響力，最多只是消息靈通而已。於是我將他辭退，由那對表親擔任我的委任律師。至於其他的消息，戈里夏的態度斬釘截鐵：沒錯，女人全都是意志薄弱的婊子，他說，不過我老婆絕不可能一個人策劃這起陰謀，她可能牽扯其中，就像所有無法無天的賤貨一樣，但最終一切都指向聯邦安全局才是幕後黑手。那瑪歌又為何要如此努力奔走？難道是因為我得罪了某人？被人視為眼中釘？是我從事什麼不可告人的勾當？還是窩藏了萬貫財富？

戈里夏證實，在構陷我入獄的人士和不想收留我的監獄當局之間，的確存在明顯的角力拉扯。典獄長把我看作是麻煩的根源；我不僅是獄中倒行逆施和謀劃勾串的目擊者，同時也是個可以提出申訴並獲得傳喚的罪客。為了自身利益著想，他不得不讓我在這裡好過一點。問題是外部也有人下達命令，要讓我好好吃頓苦頭。皮耶·理察就巴不得當著律師時而焦慮時而心照不宣的面前，抹去我在每一次開庭或審訊時，所回敬他的伏爾泰式笑容或冷言冷語。在這種情況下，戈里夏對我成天在筆記上塗塗寫寫感到很不放心。我的舉動令他不安，警衛和典獄長也不例外。總有一天，獄方會沒收我的筆記，並進行翻譯和分析；我必須要有心理準備。於是，我決定把記錄的內容想辦法送出六四五號舍房。在戒護人員搜身時透過巧妙隱藏，或是偶爾和他們之中的一位稱兄道弟，將筆記成功帶去律師會客室，請前來探視的表親律師送出去。在接受搜身的時候，我寫下的筆記內容很少遭到沒收。我也透過這種方式，將未經審查的書信寄送給親友。就在書寫這個段落的時候，我面前還放著這些薄荷綠小筆記本。我曾每天在上頭記錄自己的想法，它們看起來就像是蘇聯工廠的產物，每一本不超過十二頁，既美觀又完美，重要性超越香菸、更甚書本和舍房偶爾弄來的土雞大餐。薄荷綠小學生作業簿對我來說是最珍貴的物資。

「你一直寫、一直寫、一直寫，成天寫個不停！再過一個月，這裡就沒有白紙給你寫了！」野馬有天不悅地表示。他的外號來自他最常穿的一件T恤：一匹在彭巴草原上的野馬。戈里夏經常拿他那話兒的傳言尺寸大開玩笑。他的左肩上有個魔鬼的刺青，胸前則是一座三鐘塔大教堂，一個鐘塔代表獄中的一年。他不久前才二度入獄，在六四五號舍房待了三個月，正在等待移監到一處勞改營。他和戈里夏、紅毛和艾利歐夏一樣，都是黑幫成員。他因為多起骯髒的小案件和暴力勒贖，還有將一位頑抗硬漢毀容而入獄。這是薩尼亞大叔告訴我的：「這傢伙專幹骯髒活，而且很有本事可以幹得骯髒齷齪。」我沒有太多關於野馬的詳盡身世，因為他態度閃躲、沉默寡言而且喜怒無常。我記得在我和他為數不多的一次閒聊中，他表示老鼠肉很美味。他嘗過松鼠肉、蛇肉、貓肉和其他幾種令人意想不到的肉類，但他最喜歡的還是老鼠肉；又嫩又細，他說。

艾利歐夏是六四五號舍房中適得其所的一條看門小狗，是戈里夏打電玩的首選拍檔，也可以說是他的得力助手。他身形瘦弱，臭臉一張且目露兇光。他的官司還在進行中。他在他那輛德國房車中就逮，車上起出數量令人咋舌的海洛因，有好幾公斤。他前科累累，和紅毛一樣不到二十歲，是舍房裡的傻逼。紅毛有口吃的毛病，他可以張嘴盯著電視螢幕長達數個小時。他用貧乏詞彙交代自己結夥竊盜而遭到起訴的始末，夢想出獄後和那一幫同夥重操舊業。他很欣賞艾利歐夏左肩上的虎頭刺青，覺得對方右肩、胳膊和上背的幫派紋身圖案帥氣極了。他幾乎每天早上都會對著空氣比劃出笨拙的拳擊架勢，十分接近娛人的馬戲演出。他溫順聽話，自在扮演自己的角色，樂於成為艾利歐夏的影子，也就是戈里夏影子下的影子。無論哪間舍房都必須保持整齊清潔，這條規矩碰上黑幫分子很快就成了一種強迫症。我們每天早晚清洗廁所和地板，但兩位資深大叔和老大不會參加，由最菜的兩名成員負責，野馬和我在一旁支援。六四五號舍房總是一塵不染。桌子有專用的海綿，洗碗槽有專用的海綿，清洗碗盤也有另外的海綿，切忌將它們搞混，以免造成嚴重的緊張氣氛。如果要洗衣服，就得在專用盆中進行，千萬不能在洗碗槽中清洗；而拖把專用的盆子也不可與洗衣盆搞混。抽菸只能在廁所裡面抽。有人用餐的時候一律禁止大小便。有天，艾利歐夏正在喝茶配餅乾，我剛好沖了馬桶，那小子氣急敗壞，破口大罵：「你他媽的卵葩，已經告訴過你了，而且再三提醒。媽的，凡尼亞，你懂不懂規矩啊！」野馬加油添醋：「有些囚室可以因為這樣把你痛打一頓，懂不懂！」我祭出賠不是的柔軟身段來安撫這兩個智障。

在青年伏爾泰的傳記中，我讀到潔淨是耶穌會的主要堅持。伏爾泰在路易大帝中學寄宿時，每天就寢前必須誦唸一段顧名思義的禱文：《Ne polluantur corpora》（不要玷汙身體）。這些幫派分子擁有和他們相同的顧慮。榮譽之人如同乾淨的舍房，必須一塵不染並恪遵某些規定。潔淨包含可碰觸和不可碰觸兩種概念。雞仔顯然不可碰觸。任何人都不可碰觸他們使用的餐具；他們得在廁所進食，絕不能和其他人同桌共食；大家不會和他們交談；他們睡在與其他人隔絕的地方，有時睡在床底下。儘管如此，雞仔還是可供「食用」，這是一種不會汙染的接觸，而食用者的態度無須多言，自然是採取主動且舉止粗暴。在幫派的世界裡，存在潔淨行為和不潔行為，洋洋灑灑可以列出長串清單；殺害警察或是監獄警衛就是一種不潔行為。偷竊其他受刑人的東西是種不潔行為，等於名譽掃地。在性事方面，對服膺黑道規矩的人來說，為女性口交是絕對的汙穢。為男性口交則是個引發爭議的話題：神聖陰莖可能會因此不舉，或是在為其服務的口中凋萎。一般而言，大家都能接受這種性活動。有些人只會讓「仙女」（妓女）對其口交，而不必勞駕自己的妻子，因為她們必須維持自己值得被親吻的身分。幫派假道學的道德觀就和天主教、伊斯蘭教或猶太教所服膺的盲目信仰一樣荒謬至極：同樣是荒唐中的正經，同樣對「不潔之人」暴力相向，同樣貶低女性，同樣是個獨尊陽具的世界以及伴隨而來的性苦難。

幸好，六四五號舍房還有約瓦大叔和薩尼亞大叔，兩人都年約六十多歲。

約瓦是伊爾庫茨克附近一座大城的市長，在競選期間因被控盜用公款而遭到逮捕。他對此一笑置之卻又黯然神傷：「我看來連任無望了，凡尼亞！」在某次結束訊問後，他詫異表示庭上女法官激似電玩中被戈里夏炸得稀巴爛的侏儒生物。「她問我是否明白起訴的罪狀，我回答：『是的，我當然明白。我生活在俄羅斯、出生在俄羅斯，我很清楚您和您的同夥在玩什麼骯髒的小把戲。您的遣詞用字非常清楚，我完全可以理解，法官大人！』」善心薩尼亞在儲藏室找到了約瓦最喜歡的科洛娃牛奶糖，後者也就釋懷了。

這位市長的法律知識淵博，是六四五號舍房的法律顧問。他還教給我一個可以騙過攝影機監視的技巧，讓我能夠多休息一會兒。這裡一律禁止白天躺在床上甚至是睡覺，廣播會命令受刑人遵守規定，屢勸不聽者可能會被關進禁閉室。不過獄方准許我們坐在床上，只要在一張床上熟練地擺好姿勢，情況就有所不同。我們可以把一本厚重的書籍攤在兩腿之間，頭往前一倒，就能以看書的姿勢打盹。罪客是個幻影，如果他非得違反規定，那也是心懷虔敬而為之；雙手背在身後，背脊向前俯倒。

約瓦大叔經常和薩尼亞一起做填字遊戲，兩人不時會找上我，只要他們認為某個定義屬於我的能力範圍。遊戲設計者似乎已經預料到我的加入，空格裡盡是法語單詞和知名人物。

「克里米亞戰爭期間，法國非洲軍的一位士兵？凡尼亞？」

「……」

「凡尼亞，有答案嗎？法國非洲軍戰士，第一個字母是Z。」

「Zouave（朱阿大兵）？」

「這就對啦，你看，我的小法尼亞，只要你願意，隨時都可以做出貢獻。」

約瓦有另一項愛好：在一本厚重的筆記中抄寫詩句和名言，其中大多是古伯曼的四行詩。約瓦手邊有這位囚徒詩人在七〇年代的小選集並聊以自慰。他朗誦給我聽，節選最詼諧、最殘酷的段落。他回答我的疑問，並耐心加以說明。我將這些詩句抄寫在我的薄荷綠作業本中，有時將它們譯成法語。

勿喜、勿泣、勿恨，而是諒解。薩尼亞和約瓦大抵就是提出這樣的忠告。坐牢不是悲劇，凡尼亞，不需要一哭二鬧。好好利用這個機會去觀察、去諦聽，去審視一下自己。兩位大叔是我在舍房中的導師，反覆灌輸我獄中規矩，教導我趨吉避凶的本領。

薩尼亞是位樂天大叔，捲入一起挪用公款的案件。我和他從未見過面，彼此卻像是舊識。他在擔任貝加爾-萊納自然保育區主任時，遭人檢舉侵吞數百萬公款。他沒有任何救濟的管道，很清楚自己準備面對八年徒刑（他服刑差不多快滿兩年）。「這是我的命運，而你有你自己的命運。你個豁達的人，你心知肚明。如果你被判刑，我們可以一起坐個幾年的牢。」他很高興，我也一樣；我喜歡和薩尼亞大叔聊天。我們談起填字遊戲和貝加爾湖症候群。我們會利用一只大湯碗，把一枚小電阻直接泡在備料中一起煲湯。只要有湯品在舍房一角沸騰，那就是我和薩尼亞大叔正在做菜。

舍房裡存放了幾個十公升的水桶，這是應付經常停水的必要措施。薩尼亞用床單將水桶綁在一起，把它們改造為晨操的重訓工具。如果他沒在上午十點現身舉水桶，就是他心情鬱悶的訊號。這時我會主動上前關心，而且總是會發現他眼神茫然地盯著填字遊戲格：

「薩尼亞，你是在打瞌睡還是在做填字遊戲？」

「當然是在做填字遊戲啊！你過來幫我吧，凡尼亞！」

「啊，你看這裡，一位名字叫做阿爾貝的法國作家，簡單，是卡繆。」

「C.A.M.U.S.，剛好填滿格子，凡尼亞，謝謝你！這裡還有一題，你看一下定義：威尼斯船伕唱的船歌。我想不出來，是什麼？第一個字母是B。」

「Barcarolle（威尼斯船歌）？」

「答對啦！太棒了，我的小凡尼亞！你看，命運把我們湊在一起成就了豐功偉業；我從前有個朋友動不動就把這句話掛在嘴邊。你知道米哈伊爾．塔科夫斯基嗎？他的叔叔和爺爺都是知名人物。米哈伊爾繼承家業成了作家，我曾和他一起前往海參崴旅遊。回來後，他出版了一本相關見聞：《大洋酒店》。你聽說過嗎？米哈伊爾真是他媽的天才，有深度又不像其他家族成員那樣枯燥乏味。他比誰都懂得描寫戶外風光、伏特加和婊子；天才一個。」

薩尼亞大叔恢復了生機，這將是個美好的一天。

電視偶爾會報導軍事消息，關於最近造成俄羅斯和鄰國衝突的鬧劇和把戲。在國與國之間家常便飯的爭吵喧囂中，西北風級軍艦案成了一再回鍋的話題。在我遭到逮捕的幾個月前，法國政府拒絕履行這紙軍售合約，取消原定要交付予俄方的兩艘西北風級直升機突擊艦。包括主持人、什麼都懂也都不懂的專家和通告名嘴，都不約而同以嘲諷、憤慨或鄙夷的口吻在電視上信口開河。一有機會，薩尼亞便轉頭對我開玩笑說：「你的這些遭遇說到底啊，凡尼亞，不過就是筆船艦買賣；你們交出西北風級戰艦，我們就放了法國佬！」約瓦大笑起來。如果戈里夏也笑了，那麼其他人就會跟著陪笑，而我的笑聲更是十倍奉還。

在隔離期間，我沒有洗澡的特權。轉進六四五舍房三天後，我的皮膚再次發現到熱水的存在。我們可以使用淋浴間，裡頭有四個淋浴位置，我和薩尼亞共用一個。洗澡時兩人彼此輪替，過程是一齣舞蹈演出，結合了擦洗去汗兼洗內衣褲，享受宜人蒸汽和水滴灑落安定身心的撫觸。我在監獄裡幾次少有的單純喜悅，就是每週一次的熱水澡。返回舍房之後，獄友們會圍坐喝茶，我拿出薄荷綠筆記本繼續和大家聊天。「你做做筆記就好。」薩尼亞提醒我。「人在牢裡是按照特定的模式運作，腦袋會有些瘋癲。寫寫東西很有趣，但是相信我，想要寫出一本書這樣的東西，最好還是等一等。」一本書？我沒有想過。我不過是單純地寫日記，試著把一切看得更清楚，加上一些宣洩遣懷的散文，讓自己不要再去追究什麼。因為長時間握筆的緣故，我驚喜重溫了一種被遺忘的感覺，那是繕寫人和小學生都能體會的感覺：食指指尖微微疼痛，中指一側的疼痛感更加明顯，而且幾天後上面就形成了一枚小繭。

我入住六四五號舍房的兩個星期之後，原本出缺的三個位子都有人補上了。舍房現在是滿員狀態，三十平方公尺住了十個大男人，原本的安樂窩頓時失去了它的光環。兩個同叫米夏的受刑人前來報到。其中一位吹噓自己犯了一條無名罪；他殺了自己叔叔。「我不是弒父也不是弒母，雖然我很想宰了我的老爸，但是被一個混蛋搶先一步。而我的叔叔啊，就是個狗娘種，他活該挨刀，雖然我不過是想給他一個教訓。所以我現在成了殺人犯，弒叔者，操他媽的，這是什麼鬼；我不認罪！」沒有人搭理他賣弄幽默的玩笑話。戈里夏認識他。在他報到前的幾個小時，戈里夏把舍房裡的刀拿了出去。另一位米夏是個頂著油頭黏糊糊的幫派分子，被控勒索和竊盜，移監中央監獄令他眉開眼笑，他向我們說起一處關押九十名受刑人的苦牢地獄。我和這兩個賊頭賊腦的好事之徒保持安全距離。第三個叫做伊果，是個猙獰模樣更甚前面兩位的壯漢：一雙絞刑手的短胖大手，一圈肥厚肚腩，肌肉虬結的雙臂和他的大腿一樣粗，雙目流露劊子手的猥褻目光。他用英文向我攀談，但也會說幾句法語，因為他曾在法國外籍兵團服役。遺憾的是，他只在這裡待了五天。期間，他向我說起歐巴涅小鎮，他短暫的軍旅生涯，他擔任墨西哥毒梟保鏢的工作，他的運動員和後來的記者生涯，他讀過的書籍——福樓拜和賈西亞．馬奎斯，不過最特別的是羅曼．羅蘭的《柯拉斯．布勒尼翁》。「每一次我覺得意志消沉的時候，就會重讀《柯拉斯．布勒尼翁》。這傢伙真是從容淡定的化身，他熱愛這世界，知道如何描述這個世界。」伊果是因為走私毒品遭到逮捕。誤會一場。他不過是運送一車單純的「運動員用藥」，只是剛好欠缺符合規定的貨品明細，從此他便麻煩不斷。不過比起上次入獄時惡濁的越南苦牢，這一次一切都單純許多。他嗓門很大，喚我是他「法國來的兄弟」。他很喜歡和我聊天，並對自己的「傳記」感到很自豪。他每天都會重複自己的口頭禪：「為自己立傳是很重要的一件事。」他堅持用英文和我交談，這令艾利歐夏和紅毛相當不爽。有一天，我被通知前往會客室，而他剛好要移監。我們兩個同時面對牆壁，雙手背在身後。他朝著他的方向離開，我朝著另一個方向前進。他情緒很激動。我們交換了一個道別的眼神。我承諾他會去讀《柯拉斯．布勒尼翁》，他答應我會去看賈科莫．卡薩諾瓦的《我逃離威尼斯共和國監獄的故事》。後來我就再也沒有他的消息。

電視經常開著，我們關注並評論最新的消息。克里姆林宮咫尺外發生政客遭到暗殺的駭人消息，還有當局展開軍事鎮壓的相關報導。有一天，某地方電視台的一則新聞引起戈里夏的關注，內容是慈善食堂向城裡的貧苦勞工分送餐點。全球各地都不會對這畫面感到陌生：悲慘可憐、窮困潦倒的男女老少聚集在公共場所填飽肚子，一旁有記者採訪他們，不知是有意還無意，揭露那令人反感的真相。男人是勞工，女人是清潔婦；男人積攢了微薄年金並身兼一份公寓管理員的工作，女人已經退休但仍在管理衣帽間並睡在裡面；這些女人、這些男人和他們的孩子都無法溫飽。距離他們不遠的地方，有些人一星期累積的財富就是這賤民隊伍窮盡一生才能攢得的收入，包括慈善捐款在內。當窮人窮得不能再窮，有錢人有錢到爆，他們便不再使用同一種語言，不住在同一個世界，不屬於同一個人寰。戈里夏艾氣憤填膺扯開嗓門：「真他媽噁心，等到這些滿頭大汗的賤民全部醉死在四十度的酒精，等到他們全都滾去蹲苦窯，等到他們彼此自相殘殺，人們才在那裡大驚小怪！幹！看看這些人，還有他們餓昏頭的孩子，年紀輕輕就得幫權貴擦屁眼。看看我們的長輩，他們全都和野狗一樣露宿街頭！人們朝他們的臉上扔雞骨頭！然後他們會躲在角落啃咬享用！媽的，大家還能忍受這個屎尿橫流的世界！真令人作嘔！」

還有一次，新聞報導一場大型慈善晚會的準備花絮。我知道這個活動，自己也曾是座上賓客。人們在宴會上享用魚子醬和小點心，盡興玩樂，還參加慈善拍賣。慈善家們根本不在乎是什麼東西，儘管得意洋洋地買下來幫助街友和苦力，那些他們偶爾會僱用的對象。在我就要認出瑪琳娜·亞歷山德羅夫娜的身影時，戈里夏關掉了電視機。

16／黑資料

「讓我過目法國最誠實男人親手所寫的六行文字，我就可以找出吊死他的理由。」

人們經常說這句話是出自樞機主教利希留，不然就是惡名昭彰的尚馬丁．德勞巴德蒙；他是專幫主教將多起訴訟朝巫蠱罪偵辦的心腹。

安德烈．維辛斯基是史達林主政時的檢察官，沒有什麼時間舞文弄藝，他的說法更是簡明扼要：

「把人交給我，我就可以找出定罪的法條。」

「黑資料」（kompromat）是源自蘇維埃遺毒的縮合詞，顧名思義就是「罪證檔案」。

世界各地的情報單位收集和利用照片、錄音及文書，找尋能夠逮捕或抹黑、招募或勒索目標的稀有資料。「黑資料」一詞是格別烏自創的語彙，說明了這種抹黑文件的殺傷力。無論是無中生有或是取材自現實世界，它簡直就是聖杯，盛裝著取之不竭的神話食糧。將它據為己有，傳遞它炫目的光芒，並將它公諸於世，所有的帕西法爾都將為之震動。比起在盧安比卡的地下室進行刑求或是暗殺，還有在茶飲中倒入放射性鈽等作法，對黑資料的追尋顯得文明許多。

一九九九年三月十七日，某電視台在新聞時段播出了一段畫質低劣的黑白畫面：一名男子走進旅館房間，可以看到他身上穿著制服，然後加入兩位躺在床上的裸女。他們的對話內容轉錄在螢幕上。男子用毫無說服力的粗鄙說法，表示他滿腦子都是各種下流的壞念頭。三人行顯得十分生硬，演技差強人意，看了令人呵欠連連。

一位播報員飄浮在一件尺寸過大的西裝外套裡，配上一條打歪的領帶，煞有介事地解說道：「我們在此提醒您，接下來的畫面不適宜未成年人觀看，原因不是因為不雅影像，因為我們已經進行了噴霧處理，而是因為一旦孩子們看到……（偽善播報員十分愛演地深吸一口氣，搖搖了頭，才故作難過地往下說）俄羅斯聯邦檢察長的那副德行，往後您將難以灌輸他們愛國精神。」

檢察長尤里・斯庫拉托夫矢口否認：不，這不是他，畫面遭人移花接木。有人意圖抹黑他，妨礙他進行偵辦。這是荒唐狡詐的政治算計。幾個星期以來，他持續揭露國家高層的貪汙情事，這段可笑的小電影只是要他閉嘴的陰謀。他奮力頑抗，厲聲譴責。聯邦議會的一場激辯都在表示聲援，議員們拒絕投票罷免他。甚至有人表示「這侵犯了他的隱私」。他堅持自己不是那名人人喊打的嫖客，他唯一在乎的只有貪汙案。他為人莊重正直，言談公正得體，但卻捲入這場風暴；他不明白。他到底是不是那名和兩個婊子開房間快活的小丑根本沒差；遊戲結束了。

聯邦安全局局長出現在電視上，右手平放在桌上，左手藏在桌子底下。這位臉色蠟黃、路人模樣的矮小男子不苟言笑地表示，俄國情報單位最頂尖的專家分析了這支不雅影片，並達成了毋庸置疑的結論：影片絕對真實，主角就是優秀的斯庫拉托夫。於是，善良的俄國人民可以大肆撻伐，當局也鼓勵大家同表憤慨；不過如果民眾願意，也是可以無動於衷，這樣也很好；如果很多人看出事件背後隱藏著安全局的髒手，那就太好了；那是一隻令人害怕的魔爪，各位看清楚了，我們這就在電視上播給你們看。默默地懼怕它。酸言酸語的，是聽話的人民；氣憤難平的，往往是可以利用的人民；而驚恐害怕的，是最理想的人民。

媒體對這起事件大肆報導，絲毫不關心它的真偽。最要緊的只有一件事：保駕總統遠離檢察長主導的調查工作。影片只是導火線，刑事調查隨即立案進行，找來歡場女子提供各種荒唐證詞。斯庫拉托夫因為濫用職權而遭到停職。

黑資料擁有強大的法力。

聯邦安全局局長，這個面色蠟黃、路人模樣的矮小男子，名字叫做弗拉迪米爾·普丁。黑資料經過他高明的變造之後，決定了檢察長的命運。他整垮了一位檢察官，拯救了一名貪腐總統，非常值得獎勵。足智多謀的普丁獲任命為俄羅斯總理。後來，在一九九九年十二月三十一日，他成為俄羅斯聯邦的代理總統。他的前任辭職下台，讓他坐上大位，成為一國之君。總統大選緊鑼密鼓，斯庫拉托夫也是候選人。他在競選影片中大打溫情牌，塑造自己好爸爸的形象，但是根本沒人買單；他早就不存在了。普丁在第一輪勝出，克里姆林宮找到了它的主子，嶄新的千年王朝就此展開。

黑資料專門製造總統。

新主子指出了文明的道路，但是當然，傳統方法依然存在。若想要我們除掉其他人，隨時都可以使用武器，槍殺他或刺死他，撞死他或輾死他，勒死他，淹死他，毒死他，悶死他，電死他，用石塊砸死他，吊死他，用古法在十字架上釘死他，燙死他，斬首他，用火燒死他，將他糊進牆裡，將他扒皮，讓野獸吞噬他，分割他，肢解他，還可以冷凍他；這些都是可行的方法。

內行人首選黑資料。二千年伊始之際，它是社群遊戲的一種形式。玩家千方百計要毀掉他人名聲，並在同一時間發動法律攻勢。在必要的支援下，我們買兇、構陷、抹黑。強者有本事消滅競爭的公司、對手、政敵；他敲詐勒索，佔有他人財富，輾壓反抗者或是單純地加以報復。

三月的一個晚上，一切都有了眉目。我在深夜被通知前往會客，起訴程序加快了腳步。兩位律師帶著調查組長在隔間裡等我：青綠燈光讓三人沉著一張臉，眼睛、鼻子和嘴巴都籠罩著一圈陰影。皮耶・理察擬妥了起訴書；他陰沉的面容和寒涼的半個微笑讓我第一時間獲悉此事。我在文件上簽了名字，等於強姦犯法條、兇險的一三二條就印上了我的額頭。起訴書表明狄安娜是我的受害者，我頓時失去了冷靜，咬牙切齒地嘶吼：「不要臉的混蛋！」娜塔莉把手放在我的手上，低聲告訴我不應該這麼做。我暴露了自己的軟弱，讓自己出醜。她說得沒錯，我這麼做等於是稱了卑鄙理察的意。他帶著他的文件和半個笑容離開會客室。

弗拉迪米爾取得了關鍵的檔案資料，態度冷靜地說明我所捲入的案件發展有多不樂觀。聯邦安全局是這起事件的主使者，這一點十分肯定，相關信函也提出了佐證。一名中校下令警方立案調查，理由是在journaldesmamans.ru網站上發現非法色情圖片。背後陰謀由層峰一手策劃，第一時間就調度了龐大資源和十四名調查人員。優秀團隊在一群專家的支援下，確定這些圖片是上傳自我的網路連線。事發當時，我獨自一個人在家裡；分析師相當肯定，手機設備證明了這一點。最後，這些頂尖專業人士理所當然使用了一個很糟糕的術語來說明這些上傳圖片：對兒童的色情剝削。

這就是黑資料令人不寒而慄的運作方式。案情說不通不要緊，律師讓我大夢初醒，表面工夫才最重要：按照公文書的規定，遵守刑事訴訟法和專業的法律鑑定。如果真有造假、盜用和移花接木等情事，舉證責任在我們身上。同時，檢方起訴內容聲稱我確實具有變態傾向：我竟在新手家長的專門網站上發布危害自身名譽的文件。經過嚴謹周密的偵辦過程，以及心理學家鑑定報告的背書，我們現在可以強姦罪將之起訴。我是個瘋子，下流的危險人物。低賤的皮耶・理察在這一局中表現出傑出的一手，想當然是高升在望。

弗拉迪米爾面色凝重，起訴的罪名令他很擔心。俄方動用資源之龐大，說明了皮耶・理察不過是個無足輕重的螺絲釘。有人在暗地運籌帷幄，而且絕不魯莽行事。有人看我不順眼，而且表現得很明顯。他們不只要我丟掉工作，或是把我趕出伊城或俄羅斯而已；他們要埋葬我，用成千上萬斤土石流掩埋我，要我默默客死在勞改營裡。「你究竟是得罪了誰？」娜塔莉重複問道，「招惹了什麼人？仔細想一想，我們需要弄清楚。」

我用新的角度來回顧事件的始末。我記得瑪歌跟我說起的斯米諾夫；胸有成竹的傢伙，一直想說服瑪歌陷我於不義。當所謂的海關人員前來法協搜索時，我並沒有沒把瑪歌和亞歷山大的擔心當一回事。我不善於解讀這些昭然若揭的警告；有好幾個月，聯邦安全局一直在跟蹤我。

我現在可以回想他們當初動用了何種手段和伎倆，讓我淪落到現在這個地步；還真讓人目瞪口呆。有人跟蹤我、監聽我；他們仔細挖掘並耐心滲透我的生活和我們的公寓；他們就在瑪歌和狄安娜早我兩天前往法國時，駭進了我的網路連線，而那兩天我都是獨自在家；這些人完全知情，每個小地方他們都善加利用；他們撰寫報告、精心計算、彼此分工合作。在我被捕前一個小時，有人用我的名字預訂了前往法國的航班，留下法官可以利用的把柄；我有潛逃之虞，必須將我羈押。我招惹了魔鬼，他的每一步都煞費苦心。

最令人感到吃驚的是什麼？想像一下，有一幫小惡魔受到召喚，開始鉅細靡遺檢視我所有的檔案資料，那可是個浩大工程，單是這些不雅照，他們就得仔細研究散布在五種媒介上超過一萬件的海量資料。他們可以取得所有文件，上傳網路的精彩照片就是例證。他們挑選了幾張狄安娜兩歲時赤身裸體走來走去的日常照片，將它們和強姦兒童的照片擺在一起，然後再混入我和瑪歌時而搞笑時而打情罵俏的幾張留影。抹黑的手法十分粗糙，也許有人會覺得這種手法十分可笑，的確如此，但是一旦落入黑資料的圈套，就只能等著法條讓你蒙受古時烙印罪名的恥辱。

我走在返回舍房的路上，額前帶著紅色烙鐵熨燙的數字一三二。我也一樣，覺得強姦兒童是最嚴重的一條罪。這樣的立場很荒謬，我知道，畢竟所有劃分暴行高低的嘗試都是徒勞且病態的行為。將卑鄙齷齪加以分類的行為本身甚至更加卑鄙齷齪。無所謂了。我頂著沉重的腦袋走向六四五號舍房，感覺自己體內多出了下流齷齪的重量；起訴的罪狀把我推入獸父和不肖子的行列。

我很小的時候就知道母親從事的工作讓她成為一位了不起的女性。行政用語稱之為「兒童福利」，但她是用其他字眼向我說明她如同神職的工作。她當然沒有這樣形容，生性謙卑的她從不洋洋得意。她的職責是幫助不幸的孩子，去關愛他們。有的孩子被大人遺棄，遭到大人傷害，有時情況非常嚴重。這是很不幸的遭遇，然而更不幸的是，這個大人可能是他的父親或母親，有時父母兩人同時都是施暴者。我當時第一次聽到「虐待」這個詞，後來開始認識各式各樣的詞彙。我在一本拉魯斯大詞典裡查閱相關動詞的意思：折磨，施虐，永久性殘疾，強姦。在我對母親的愛中，蘊含著她以撫慰幼小心靈為天職的驕傲。我看見她顧名思義地付出自己，因而留下一些她從不遮掩的傷疤。我有時會聽見受她照顧的孩子發出笑聲，那是就是我眼中的奇蹟，特別是當我認識字典中的定義之後。唯有最高尚的人才能為此奉獻一生，幫助孩子們再站起來，幫助這群鄙劣行徑下的受害幼童重拾身心的茁壯。

烙印在我印堂上的罪名精準命中我的要害。

弗拉迪米爾勸我將一三二這數字隱藏在心底，絕不要告訴同舍獄友。我聽從了他的建議，卻也因此鑄下大錯。

我當時擔心的是別的事。由於偵查不公開，我無法掌握案件的所有進展。我知道狄安娜接受了法醫專家的檢查，但我卻無從得知檢查結果。我開始擔心可能發生的可怕情況：萬一陰謀主使者決定事先強暴她該怎麼辦？我經歷了此生最難熬的幾個不眠之夜；我看見狄安娜的臉，聽見她在吶喊。我會啃咬舌頭或手腕直到見血，希望肉體的疼痛可以安撫我的心緒。有一天，弗拉迪米爾告訴我他讀了法醫的報告，狄安娜沒有受到任何暴力對待，我才終於可以入睡，雖然還有另一個威脅沒有排除。低賤的皮耶・理察動作頻頻，想叫獄方把我移到新的舍房，好讓其他一三二條之流和我作伴。

罪客只要兩小時就能熱絡起來，但不用兩分鐘就足以扭轉一切。

有天晚上，我聽見一個奇怪的嗓音，既熟悉又陌生，帶著咬牙切齒的語調，是一股中燒的怒火：「凡尼亞？凡——尼——亞！你還記得我們第一天說了什麼嗎？凡尼亞，你沒忘了吧？操，我告訴過你，媽裡個屄，獄友之間只說真話！那你他媽的為什麼沒告訴我們你被起訴的法條？凡尼亞！他是一三二條。操你媽的，我還是在走廊上從那些混蛋警衛中的一個條子，一個該死的條子口中聽來的！婊你媽的！我最後一個才知道。操你媽的！我晚了一個多禮拜才知道這個消息，夠白目的你！」

當時是晚上十點，我們已經就寢，戈里夏剛回到六四五號舍房，大家吵成一片。我人在上鋪，先採取無辜的姿態加以回應。我一直以來都說實話，這條新的起訴罪狀對我來根本無關緊要，他們大可以拼湊各種數字，但我的案件就是聯邦安全局主導的政治抹黑，這就是唯一的真相，你知道的，戈里夏。

接下來幾天的氣氛都很緊繃，戈里夏始終怒氣未消，並以耶穌會的潔淨戒律為名，禁止我在公用的沙拉碗中共食，也不能再使用部分餐具。我遭到排擠。約瓦和薩尼亞暗中給我打氣，告訴我不須改變什麼，保持淡定，不要擔心。戈里夏不會再變本加厲，他沒有這種權力。我仍然保持警惕，因為除了兩位填字大叔之外，六四五號對我充滿敵意；其餘的人全都聲援舍房老大。有時大家說話的分貝有點高，我仍然堅定不為所動，大多採取迴避的姿態來回應艾利歐夏或野馬對我的不滿。六四五號舍房位於地下室，剛來報到的時候我沒有留意，自然光勉為其難地從一扇座向不理想的開窗透進來。

我一個人在廁所裡抽菸，戈里夏走了進來，不是為了哈菸，而是為了解放急迫的尿意。他連句話都沒說就當著我的面撒尿。我扔掉菸屁股，逃離時暗咒了一聲幾乎聽不見的「混蛋！」他聽見了。他走出廁所，上午十一點，六四五號其他成員都在外頭。我剛會客回來，戈里夏也剛搞定他在走廊上的小生意；我們兩個都錯過了放風時間。

「凡尼亞，你剛說什麼？」

「沒什麼。」

「說啊，你再說一遍！」

「……」

「操你媽的，凡尼亞。」

「……」

「你沒有把我放在眼裡，凡尼亞！」

「你在說笑嗎？我在抽菸結果你進來撇條！請遵守規定！」

「你說什麼?!」

他殺氣騰騰向我走來。我比他高兩個頭，儘管過來好了。我將身體重心往後放在右腳上，用腳跟蹬出聲響。這突兀的戲劇性轉折令戈里夏泛出一抹兇險的冷笑。我毫不遮掩，將雙手握拳。

17／一二二號舍房

我很喜歡這句俄國俗語，它涵蓋了整個民族的樂觀精神：

「魔鬼並不像人們所描述的那樣可怕。」

我聽見鑰匙插進鎖頭的嘎吱聲和熟悉的金屬哐當聲；厚重的大門開啟。其餘舍友紛紛進門，約瓦走在第一個，驚訝地看著我；他察覺到衝突一觸即發。戈里夏掉過頭，朝他最愛的遊戲機走去，在螢幕的虛擬世界裡大開殺戒。一個漫長的午後，我被夾在氣頭上的老大和其他起而效尤的小夥子之間。我提高警覺，隨時都在備戰狀態。絲毫不鬆懈的戒心令人疲乏。我不再懼怕正面衝突，有時反倒希望大幹一場，因為獄友的鄙夷眼光和言語挑釁令我無法喘息。

隔天上午，廣播通知：「巴爾貝羅，把東西收拾好！你有五分鐘。」攝影機和監聽器嗅到火藥味十足的舍房氣氛，獄方決定把我調走。這完全合乎情理，畢竟這些危機因我而起。我連喘口氣的機會也沒有，新的煩惱就再次降臨，因為就算我有辦法應付六四五號舍房的環境——薩尼亞和約瓦一直為我打氣——卻不曉得下一個牢房會是什麼情況。兩位律師提醒我，皮耶・理察試圖干預獄政體系，我很可能會被移監與一三二條人犯同舍。外部勢力仍不罷休，前方百計要我吃盡苦頭；移監意味著我的處境可能進一步惡化。

我在走廊上走了很久，發現到監獄的另一個區域。我穿越多個緩衝區，接受搜身和警犬聞嗅。我抵達高度戒備區，這裡專門關押黑警和受到密切監控的受刑人；我也是其中之一。一二二號舍房十分明亮，狹小、沒有起居設備，有兩架攝影機和幾個監聽器。

舍房空無一人，我獨自在裡頭等了幾個小時。所以這一次是人員調整，而不是移監安插。我繞行一圈這骯髒的棚舍，十到十二平方公尺，可以容納四頭畜生。迪馬和小夥子在中午過後報到。兩天後，約瓦大叔也加入一二二室。舍房滿員。當下我才明白皮耶．理察並無任何影響力，而典獄長的決定在某種程度上保護了我。

舍房的四重奏十分和諧。迪瑪負責和獄警打好關係，我們因此獲得了一個電茶壺，而房裡原本嚴密部署的監控措施也寬鬆了一些。我剛到這裡時，獄方沒收了我身上任何書寫有法文的文書，但我全都拿了回來。我和約瓦兩個人負責食物和香菸的補給，各自的家屬和律師對此提供了必要協助，貨品源源不絕，生活安排得井井有條。

迪瑪是個肌肉發達的壯漢，每天早上都會用各種推陳出新的器材鍛鍊身體，包括DIY的重訓機和就地取材的啞鈴，例如將床單綁在鐵窗的欄杆或床架的立柱上。他涉及一起殺人案，起因於男性荷爾蒙飆升所爆發的口角，然後演變成辱罵和耳光。接著他犯傻去埋伏守候，先是圍毆對方，再兩聲槍響，對方的腦漿灑在健身房的地板上。開槍的不是他，但是卻夠他在牢裡蹲上幾年。他和我一樣，之前也待過六四五號舍房，最後因為和戈里夏幹架而被移監。「戈里夏那個王八蛋。」他叨唸著，說對方承諾可以安排他進勞改營，削了他一筆錢卻不辦事。勞改營比較快活。什麼都行，就是不要伊爾庫茨克中央監獄的嚴明紀律。我這才得知戈里夏以移監令為幌子大做生意，但其實他根本無權插手。交易過程都在監獄外進行，他所屬幫派的一位成員會向受刑人指派的親友收款。約瓦大叔也曾受騙上當。戈里夏想對我故技重施，承諾可以幫我弄來手機和一些小福利。我要他提出保證，往後我們的關係就此生變，他再也沒向我提起這件事。

舍房裡只有小夥子沒和戈里夏發生過節。他十八歲，生日當天遭到逮捕。他把起訴書給我看，裡頭記載了他的生平梗概：從十三歲起就因為竊盜七度被捕。這一次他在劫難逃，而且刑期可能加重。小夥子來自烏蘭烏德，一個我很熟悉的城市，它是俄羅斯藏傳佛教的首府，距離伊爾庫茨克四百公里。他的犯罪生涯始於當地一個主要幫派。我喜歡聽他說話，一邊聽他天真描述自己的犯罪過程，一邊觀察他如胖貓般滿足的神情；聽他坦承自己無論偷竊或酒量其實都差強人意，但總是如實道出這世界的殘酷。他父親窮困潦倒，用伏特加麻醉自己，血汗工廠的生活讓他背部嚴重受創；他吃掉產下的女胎，淹死飼養的貓咪，毆打自己的老婆，最後被她趕出家門，在一個喝酒過量的霜凍之夜，孤伶伶地死在街頭。我們一起下棋。我教他說法文，他向我說起他就讀醫學系的女友娜迪婭。他是個手巧的DIY達人，利用果汁盒和火柴就能打造出迷人的戰爭場面；利用舊的刮鬍刀片自製蔬果削皮器；火柴盒在他手中變成骰子，搭配繪製在床單上的十字棋格，就可以讓大家打發好幾個鐘頭。

小夥子的左臂上有一行刺青，他希望法官可以看到：「我是命運的奴隸，我不服從任何法律。」

我欣賞迪瑪坦率的態度，他的粗獷洋溢著善意和遲疑。有天他會客結束，剛和自己深愛的女人聊了幾句，情緒非常激動；上次兩人見面已經快一年了。他遞給我幾張照片，上面是名豐滿的棕髮女子，有美麗的雙唇。他用小男生的神情跟我說起她，然後反射性拿起他最愛的道具：噴霧瓶。他在裡面加了幾滴沐浴露和少量的水，然後用力搖勻。我們是一群講究又體面的罪客，每次舍房有人抽完菸或是在接受內務檢查之前，迪瑪都會噴霧除臭。警衛每次走進來，都會驚豔於空氣中瀰漫的柑橘調芳香。迪瑪是我見過唯一一位使用香氛的罪客。每一次我收到的包裹中有法國保溼霜，他就會露出讚賞和羨慕的神情，但是該羨慕的人是我。滋潤雙手、呵護臉龐不受低溫和冰水傷害的保養品完全是他的專利，我簡直不敢置信，有些罪客不僅具備財力還擁有生活品味。有本事把這些東西弄進來，你就一是個富有的人。我和迪瑪共享這個財富，皆大歡喜。

他向我展示他右前臂內側的刺青，一把劍將圖案一劈為二：一邊是魔鬼猙獰的面貌，另一邊是耶穌的肖像，劍刃中間憑空冒出一顆狼首，一隻爪子攀附在耶穌的頭髮上。

我的老獄友約瓦也在一旁，他在頸部紋了一枚小小的東正教十字架。我們又重拾填字遊戲，同時繼續討論我薄荷綠作業本裡寫滿的語錄和詩句。一二二舍房的便利設備只剩下一只電茶壺，迪瑪和小夥子百無聊賴地抱怨。對他們來說，最可怕的考驗就是無所事事地和自己獨處，但我不能理解。只要手邊有書本、紙張和一枝筆，孤獨反而是件好事。現在回想起來，在這間勉強只能走上兩三步的空間裡，我們能夠相處融洽簡直就是奇蹟。我們一起分擔雜務、香菸、食物、匱乏和痛苦，從來沒有給其他人帶來任何麻煩。「我們沒有民主，但是我們有茶喝！」某天斷糧時約瓦說。舍房裡四個人全部沉默地圍坐在一起，幾乎像是圍繞那只神聖茶壺在祈禱。除了剩下的一段臘腸和兩塊麵包之外，已經沒有任何食物。陽光燦爛，透過格柵落在我們面對的金色茶壺上。約瓦起身跳了一小段猥褻的舞蹈，甩動他圓胖的肚腩，然後朗誦一首童詩：「金色的太陽早安，藍色的天空早安。」我們笑鬧了一會兒。

白晝的天光安慰我們，但整夜不熄的燈火令人難受。有天早上，約瓦疲憊不堪，頂燈恆亮的燈光還有監視攝影機令他無法忍受。而且稍早，我們在睡夢中被狗吠聲吵醒——原來是令人窮於應付的突擊檢查。現在獄方禁止我們坐在床上。約瓦當天一起床便冷冷咆哮：「各位千萬別不好意思啊！只要到了外面，就沒什麼好客氣的了，把這裡的真相一五一十地說出來。我們落入一群該死的混蛋手中，他們窮兇惡極吃定我們，以整垮我們來為樂！你啊，你一定可以離開，他們沒那個膽承擔國際醜聞。但是答應我，把這裡的遭遇說出來，而且千萬要記住，只要有機會就逃得遠遠的！不要磨蹭！俄羅斯是個美麗的大國，是個美麗的大賤貨！沒錯，這裡令人神往的風景比你見識過的風景還多，還有貝加爾湖，但是大多數人都巴不得逃離這裡，當然沒那閒工夫去改變現狀，我們所有的力氣早就用盡在逃跑的路上了！。」

然後他打了一會兒瞌睡，一手抓著書本，另一隻手握著黃色螢光筆，像是火把一樣來回揮舞。眼鏡從鼻梁往下滑，鼾聲隆隆。他睡醒後，推推眼鏡，看了看擺在桌上的簡陋菜餚：漂在湯裡的麵條。迪瑪狠狠擠上一道美乃滋，稀里呼嚕吸食著。小夥子再次提起大赦的話題，我從第一天開始就聽說了。罪客們殷殷期盼，據說政府提出了二十五萬的大赦人數。小夥子希望盡快受審判刑，然後立即獲得大赦。迪瑪認為這算盤打得很好，年輕的竊盜犯應該都能列入赦免名單，約瓦大叔則對此存疑。

在戰勝納粹德國七十週年之際，總統慷慨宣布全國大赦。我們清空監獄來慶祝偉大的衛國戰爭，以此緬懷兩千五百萬偉大的蘇維埃屍骸；相當於一百萬噸重的人肉，約瓦計算後表示。今天誰有辦法衡量這些化為灰燼、乾屍和鬼魂的一百萬噸重量？「我們無法想像他們的苦難。」約瓦大叔對我說，「酷刑、饑荒和大屠殺寫在他們的肉身上，我們的祖先堆疊出一個無解的謎團。」

他打著呵欠一邊咕噥，澆熄了其他人的熱情：「只可能在合理的範圍內進行大赦，不然就會動搖體制。別太天真看待你的大赦啦，小夥子！警衛、醫生、各級監所人員，還有依賴監獄的生意人，牢裡內外的黑手黨，這些人都要活下去。把他們嘴邊的麵包、熱湯和肉塊給搶走，是很危險的一件事。再說，獄政體系需要炫耀它抓來的罪客來證明自己的效率。任何人只要妨礙或是不遵守法律就可能被關進牢裡，這些都必須讓民眾知道、看到。」

我被羈押已經兩個多月，努力排遣令人茫然的漫漫長日。徹夜不熄的燈火和內心沒完沒了的小劇場讓我無法入睡。不安的情緒讓人疲憊不堪，就像等待和律師見面，就像警犬和例行的搜身，就像逐漸累積起來的各種欺負刁難。我有夢遊的情況，在夜裡醒來不知道自己在哪裡，也不知道自己是誰。每當黑夜來臨，像我這樣的畜生會感受到與孩子分離的痛苦和悔恨如排山倒海。我打開一本薄荷綠作業本，從裡頭拿出一艘藍色小船，把它展開來，用手指觸摸船身上以原子筆描繪的許多小愛心。

約瓦有信心我的案子會獲得解決，我可以全身而退，反正也不可能有其他的發展。我感到懷疑。調查委員會已經展現了魄力，瘋狂的體制開始運作，所謂的假釋庭訊不過是場騙人的把戲。當天我被提訊，關進籠子裡面對一架攝影機，就這樣看似參與了庭訊。我申明自己的清白，質疑每一個不合理和謬誤的地方，然後檢辯雙方唇槍舌戰。弗拉迪米爾首先慷慨陳詞，然後是調查組長、檢察官，最後輪到法官。他只用了幾分鐘就讀完早就印好的裁決書；罪客巴爾貝羅待在監所裡是最好不過了。

每一次離開舍房走上長廊，在其他受刑人眾目睽睽下穿行而過的回憶，我都銘記在心。獄方把我送去醫務室進行法定體檢，包括抽血和拍X光片。我在一處牢籠裡等候，身旁緊挨著其他十來個受傷、受損、有擦挫傷的罪客。一位頭部重創的老頭盯著我看，胡亂纏繞的繃帶從他一邊的耳朵、凹陷的下巴和可能爆裂的一顆眼球滲出血來。他扭曲的嘴裡哼出悲哀的歌聲：「啊，我的小爸爸，我的小爸爸，為什麼如此疼痛；我的小爸爸，為什麼要自甘墮落；我可憐的小爸爸，爛醉如泥，比卑賤更卑賤，被人砍了、幹了、揍了的小爸爸；我的小爸爸，呼吸如此困難；我的小爸爸，我的皮膚都皺縮了；我的小爸爸，我在說話，這一切都是廢話，我的小爸爸。」我轉過頭去，看見易怒亞當正在對我微笑。我都把他給忘了，隔離監恍如隔世。他和往常一樣被上了手銬，向我展示他腫脹的雙手和綻開的傷口。他被警衛用警棍教訓了一頓，但沒事，他比較擔心我。我們竊竊私語，他提到有人說我跟別人幹架，我要他放心，然後打聽他的近況。亞當是個硬漢，待在一處不錯的舍房裡，他會撐下去。

我雙手背在身後，微駝著身子，靜靜地觀察從眼前走廊經過和交錯的一顆顆平頭。我搜尋著一顆完美無損的頭顱，沒有一絲一毫的傷疤，但每次都還是會看到些許疤痕的反光，一處明顯的坑疤，一個再也長不出毛髮的地方。通常最多也只是接近無損的頭顱，一兩處不太明顯的小傷疤，但大部分都帶有傷痕，留下敲打和撞擊的痕跡。

罪客堅硬的頭皮上刻畫著人世間的暴力。

這事遲早會發生。紀律委員會把我找去，但我和警衛的相處其實還算融洽。親切和藹的納迪婭．帕夫洛芙娜負責高度戒備的監舍，她建議我讀《聖經》。「禱告的姿勢能安撫身體和心靈，你跪下來，」她說，「天父就會現身。」她將一頭高雅的金髮束成馬尾，語調嚴厲沒有任何情緒，帶著一雙看盡眾多暴行的憂鬱眼睛，疲憊中不失溫柔慈愛。除了納迪婭之外，我也很喜歡布利亞特人達基。他總是帶著一副說笑的神情，認為有人對我開了一個有點過分、有點拖沓的玩笑。他幾乎不搜我的身，也不再檢查我的鞋底，而且態度親切有禮地請我進入或走出舍房，同時用不太純正的法文說出「sivouplaît」（請），有時還會加上：「Cié la vie !」（人生就是如此）還有麥格爾。很遺憾，他是一位典型濫權刁難的小主管，說不定也是外部安排的眼線，負責監視我，不讓我有好日子過？他專門緊盯和記錄我各種不痛不癢的違紀行為。在我接受搜身試圖隱藏帶在身上的字條時，他便大發雷霆，而且最近他還發現我意圖規避監視攝影機——我想出一個辦法可以在適當時機遮住天花板的頂燈，讓燈光在夜裡不會那麼刺眼。麥格爾針對這些不受教的小動作上呈報告；他巴不得把我送進禁閉室裡。連續呈交三份報告之後，大門終於開啟，我的命運掌握在紀律委員會手裡。

我被叫了出去，麥格爾領著我走在長廊裡，低下頭，雙手背在身後。調教成功。途中的停歇處、狹窄走道、鐵門和十字路口，我早已瞭然於心；監所大部分區域的格局我都記在心裡。我警醒窺伺，想找出破綻。我在考慮越獄，但在高度戒備區域這裡純粹是痴人說夢。麥格爾把我關進一間骯髒的斗室，等待紀律委員會的傳喚。尿騷味和菸臭味巧妙地交融在一起。我重新築起心中的堡壘，對四周漆成青綠的牆壁毫不在意，對走廊上吠叫的警犬感到同情。我沒有香菸，決定朗誦。過去這陣子出於愛好和自娛的念頭，我開始朗誦留存於記憶中的詩歌、文句，還有名言佳句。我先從《俗世之人》開始；伏爾泰的詩在這種地方具有十足的詼諧力道。接著是拉封丹一則又一則的寓言。小說《沒有明天》入木三分的開篇二句，令我如獲至寶。然後是蕭沆和喬治・巴代伊，還有先後登場的馬可・奧理略和維永。突然間冒出一個不太相干的插曲，它洋溢倔強的博愛精神，不再是為我一個人而傳頌。我將詩句鏗鏘唸出，彷彿它們是第一次從我口中說出。

在我們身後存活的人類兄弟，
不要對我們鐵石心腸，
因為，如果您憐憫我們可憐人，
上帝也會早日垂憐於您。

我在年少時讀到了〈吊死人之歌〉，它由三個十行詩段落和詩跋組成。當時我是高一生，杜魯恩老師介紹這首詩歌，但大家興趣缺缺。不過他很懂得介紹作品，絲毫沒有因此而打退堂鼓。我和同班的達米安一起，下定決心把這首詩背起來，像是在宣誓某種叛逆。我們用毫不相干的浮誇語調朗誦詩歌，藉由這種方式成為同學眼中的異類；晦澀、悲哀，當然也因此而高人一等。這是出於虛榮、搞笑，同時也是對詩中隨風擺盪的屍骸發自內心的著迷。這些被日光晒成焦黑、雙眼被飛禽啄食的吊死者在對我們傾訴。往後幾年，我再也沒有高聲朗誦這首詩歌，從來沒在任何人面前誦讀，但我經常在心裡為自己默讀；有時低聲呢喃，有時咆哮怒吼，有點像是在持咒誦經。

杜魯恩老師告訴我們，在詩人維永身處的時代，我們可以在絞刑架下看見拾荒者成群結隊，前來採集受刑人的骨頭或血液。女巫會將它們製成粉末。每逢月圓之夜，我們可以看見她們彎下腰，在絞刑架底下採收茄蔘，一種由吊死者遺精所孕育的魔法植物。女巫將它們製成香膏，塗抹全身包括自己的體內，然後騎上掃帚或釘耙騰空飛去，參加女巫的集會。

朗讀〈吊死人之歌〉就是在持誦巫咒。

弗朗索瓦・維永在一四六二年底或是一四六三年初寫下了這首詩，當時他正在夏特雷苦牢裡等待處決。他遭受水刑的酷刑折磨，後來被判處絞刑。他等待西堤島法庭對上訴進行裁決，懷抱希望卻不樂觀。弗朗索瓦看見自己被吊在絞繩上，和其他人一起，成為這一大群懸偶兄弟會中的一員，慢慢腐爛。在刺耳的笑聲中，他寫下至高無上的悲痛詩句。

他的詩歌歷久彌新，完全無須加以改編。那是近六百年前的往事，有些用詞已經不合時宜，但撼動人心的力道卻有增無減。維永的世界不復存在，然而我們仍在不確定的夜晚摸索學步。這首詩之所以流傳至今，在於它難以言喻的博愛精神，隨著世紀的推移逐漸壯盛強大。它經由一具身體、一人之聲傳遞，然後透過其他人的聲音傳到了成千上萬個身體裡。它就在那裡，在我們的體內。巫咒！〈吊死人之歌〉為夏特雷的死囚維永續命；他自由了，騰空消失。

我用生命朗讀詩句，倔強、脆弱和奢華的詩句，道出監獄四壁裡受難的人性，為所有人犯清晰朗誦自在流露的一字一句。一名獄警走來，掀起窺視孔，我當著他詫異的面容繼續朗誦。他轉身離開，認為我的癲狂和其他囚犯沒有兩樣，便放任我和維永獨處。

18／在瘋人院裡

普希金十五歲，以詩文描述自己，風格陽光、浮誇、濃濃的書生氣。

這首詩是以法文創作，開頭幾句開始就洋溢妙趣：

「您要我描述自己，

可是得自然寫實：

親愛的，我很快就能道盡，

雖然是袖珍工筆。」

列寧生日那天，我出獄了，傻氣地覺得自己所向無敵。

上訴法院的攻防持續了三天。我心無旁鶩。我們面對的是一位新任女法官，弗拉迪米爾告訴我勝算很大。我慷慨陳述事情原委，維永也與我同在。巫術催眠了紀律委員會，我逃過禁閉監的懲處。然後巫術再次奏效，判決下來：在偵查終結之前，我必須戴上電子腳鐐接受居家軟禁。我目睹可憐理察佯裝的慈眉善目土崩瓦解，而我則是一臉驚訝。

時間很晚，我出獄的時間延到隔天。我在監所度過最後一晚。我回到舍房時，小夥子已經離開了；他在聆判後便移監到一處勞改營。天亮時，廣播要我做好準備。我先擁抱了約瓦，然後是迪瑪；我不知道該如何掩飾自己尷尬的肢體。我不捨地向獄友道別，看見他們感傷的面容。我們交換了電話號碼，互道珍重。我把我那不多的行李中所有有用的東西全留給了他們：短褲、T恤、刮鬍刀、保溼霜。然後我在人員的戒護下，一路走到了出口。納迪婭．帕夫洛芙娜希望我今後不要再見到她。

在外頭，我和父母重逢。他們像我一樣，瘦了一圈。我將兩人抱入懷裡。他們還記得一家人擁抱的滋味，我很清楚，還有那天手指迫不及待要摟緊我而不住地顫抖。他們沒說，但他們發現我變了；他們沒有看錯。

我結束七十一天的鐵窗生活，傻乎乎地覺得自己所向無敵。其實，得意忘形是件危險的事，這點我很清楚，但就是忍不住。我從第一層地獄生還，沒有任何東西可以傷害我。我自認全身而退，甚至做好了再入獄的準備。恐懼頓時煙消雲散。「你停留的時間也未免太短了。」迪瑪在一二三號舍房門口脫口而出。我即將輾轉於不同高牆，修完我剩下的學分。

所幸不到一個星期，我刀槍不入的虛幻念頭便消失無蹤。陷入泥淖的生活重新上演，調查仍在進行，偵辦人員就是不肯放過我。我的父母返回法國，我重新築起心中的堡壘。

皮耶．理察下令再次對我進行醫學鑑定，並將我安置在一所精神病院，藉此報了一箭之仇。他原本打算將我轉到莫斯科，在警車戒護下把我送進兇險的謝爾布斯基中心。但最後我還是留在伊爾庫茨克，在病院待了二十天，親身經歷另一種人間苦難。

有許多人都是因為司法判決而被送進這裡。第一個向我問好的是阿雷克榭，他一邊自我介紹一邊挽起袖子，露出他布滿針孔的手臂。他是這一群人當中的癮君子，戒毒已經一個月了，腦子只認吸毒創造的人造天堂：一夜嗑茫後可以迎來清晨美麗的白熾天空；吸食器加熱古柯鹼的歡樂劈啪聲預告令人迷醉的飄飄欲仙；海洛因在無盡血管網絡中蔓延所帶來的甜蜜滋味。阿雷克榭堪比洛可可詩人，有能耐將嗑藥昇華至藝術境界。

三個矮人向我走來。有寡言的小頭格列布、多話的阿雍，還有時而發牢騷時而咕嚕咕嚕叫的里奧夏；三個人都要我加入他們。

我正在專心閱讀，其中一個欠身看著我的書本，另外兩個扒走我的香菸、火柴和一枝筆。

他們的小伎倆一再上演，我也不去揭穿。我只要高聲呵斥，就可以拿回我的寶貝筆，其他的東西我隨他們拿去。格列布身上過大的罩袍難掩他體膚上的醒目傷口，他和阿雍一樣都是十九歲。里奧夏十四歲，不識字也不會寫字，成天在撿地上的菸抽。抽不下去的時候，他就會大吼大叫，用火柴燒燙自己的胳膊，或是利用手邊可以取得的物品，割傷自己的手臂。因為他從不會把自己傷得太深太重，院方也就睜一隻眼閉一隻眼。他和我們待在這裡，是因為其他地方人滿為患，同時也是擔心他的病情會因為接觸其他重症病患而惡化；院長斯韋特蘭娜・

基里洛夫娜唉聲嘆氣對我說。在我和她第一次面談時，她說我的醫學鑑定最多兩三天就可以完成，但是她別無選擇，一定得將我留院三個星期；這是規定，大家都必須遵守。她向我保證鑑定過程絕對公正，不會有任何造假情事。她知道我是誰，知道監控我的是什麼樣的人。她的處境和典獄長一樣，蒙受來自外部的壓力，但是這裡保有某種形式的獨立自主。她巧妙權衡自身利益和醫事倫理準則，拿捏算計之後採取行動。我的律師特別向她奉上厚厚一疊鈔票，才總算讓這則算式對我有利。我按規則行事，花錢買下我在醫院的人身安全。至少院方是這麼讓我以為的，畢竟想在敵營中行賄和酬傭，你永遠不會知道是誰開口索賄而錢又進了誰的口袋。付錢的都是傻子，但是是誰眼中的傻子呢？

在瘋人院裡，大家叫我拿破崙。院方禮遇我，讓我一個人住在三號房。還有其他兩間病房，裡面分別有六張床。包括我在內，總共有十三個人，佔據了一整個樓層。兩扇安全門把我們和外界隔絕，室內沒有任何門扇，好讓工作人員可以出入任何空間。護士們往往具有不可思議的親切態度，總會熱情關懷這裡的每個病人。入口處只有一個人負責對報到的收容人進行違禁品沒收。這裡的伙食非常豐盛，用餐地點是一間漆成薄荷綠的食堂。我們可以透過出餐口看見廚娘，她會向大家問好，祝大家身體健康、用餐愉快，最重要的是睡個好覺。院內平時的氣氛十分祥和，在醫護人員謹慎細心的餵藥下，病患全都像是穿上了無形的束縛衣。有半數的收容人全都飄浮在超大尺碼的睡衣裡，他們在走廊上閒晃，扮演模樣痴呆的幽靈角色。而我所屬的另外一半，則是一身運動裝束，衣著和在獄中一樣，慢跑長褲搭配T恤。這裡沒有淋浴間，但是有唯一的一座洗臉台，乾淨程度值得商榷，旁邊就是開放式廁所；工作人員必須在任何場合都能看見我們。

實在很難將我對這間瘋人院的感覺訴諸文字，但是我覺得自己屬於這裡，大家大可以把我當成一個瘋子。我身邊帶著卡薩諾瓦的自傳，《我的一生》第一和第二冊。每天展讀這本書讓我打起精神，一個人在床上拍手叫好。這裡多數病友吃完晚飯後就會入睡，有時候只有我一個人還醒著。幾乎每天晚上，比希莫特都會溜進我房裡，矯健地跳上床和我聊天。牠還是一貫地冷言冷語：「這是你該待的地方嗎？你確定？那就住下來啊，老兄，去申請包租一整年！」我想要逃跑，並開始制定計畫；卡薩諾瓦激勵了我。我在比希莫特這隻胖貓面前記下書中的建議。「這就對啦，做點有用的事情，」貓咪對我說，「是該認真起來，逃離這裡的時候了！」其他樓層收容的都是情況比我嚴重的病患。有天晚上，我聽見傢俱被扔在地上發出的古怪悶響，是從地面上傳來的。我還曾聽見一些蠻荒的哭喊聲，還有來自地獄般的持續低吼。我們的這一層並沒有任何動靜。睡吧，讓我們安安靜靜地睡吧。

我很喜歡和善心斯捷潘聊天，他剛過五十歲生日。他穿著一件迷彩褲，一件粉紅薄紗T恤，若隱若現透出他乾癟的胸膛。他張著一口無牙大嘴，一隻手在嘴巴旁邊來回揮舞。他會說一些莫名其妙的笑話，我一個字都聽不懂，但還是和他呵呵大笑。他手裡總是掂著撲克牌，不厭其煩地重複：「三、七、A！三、七、皇后！三、七、A！」他每次上廁所，所有人都會知道，可能是因為看見他蹲在馬桶上，不然就是在遠處房裡聽見他興奮高喊：「我要生了！」

我喜歡這間苦難之家慢慢睡去的時候，藥物發揮作用，護士的腳步聲越來越疏落。我喜歡聽見斯韋特蘭娜・基里洛夫娜祝大家晚安，然後駐足在我房門口確認我已經入睡。我很喜歡塔吉婭娜的玩笑話，還有她沒完沒了的心理測驗。她很專業，金髮、認真、豐滿性感。她每天奔波於醫院和她任教的大學之間。她問起我關於法國的事，我都一一回答。她撒嬌獻媚，態度輕佻，我也不遑多讓。

我們在瘋人院裡大笑也大哭。一個濛濛細雨的晚上，癮君子阿雷克榭來找我：「拿破崙，」他一邊低聲說一邊張開手，露出手裡的塑膠分裝小袋，「冰糖到貨啦！」早上有朋友來看他，院方放行對方帶來的電玩遊戲機，毒品就藏在裡頭，手法十分高明。阿雷克榭的個性是有福共享，我們躲進廁所裡嗑冰毒，除了他和我之外，還有其他三名收容人。當晚院裡熱鬧非凡，側樓裡沒有人入睡。大家鼓譟、吆喝、手舞足蹈。值班護士覺得奇怪：「大家今天晚上是怎麼了，明明就沒有暴風雨啊？」我躺在床上，下巴肌肉緊縮，腦袋清明警醒。我面露微笑，身旁的比希莫特噗哧笑了出來。

入院這段期間就是與孤兒和可憐人苦中作樂的一場哄堂大笑。

可憐人是里奧夏，十四歲的金髮少年。他很痛苦，我們想安撫他卻無能為力。更糟糕的是，他喜歡招惹別人，找人麻煩，偷人東西，扮演黑幫老大。後來，他開始自殘，並漸漸變成令人憎惡的模樣，到處找人幹架。有些人有時會善意地給他一拳，我可以理解，我也很想這麼做。老爹鮑里斯難過地表示：「街頭還有多少像里奧夏這樣的傻男孩，被人糟蹋欺負之後再去糟蹋別人，最後淪落到坐牢的地步？」我和往常一樣非常有長輩緣。鮑里斯已經退休，法院要求他接受精神鑑定。他是在商店偷竊時被逮。他住的地方距離醫院有兩百公里，往返兩地的交通費就花光了他一個月的退休金。他靠著種在花園裡的蔬菜過活。他很擔心，蔬菜還在家裡等著他；三個月放任菜園不管簡直無法想像。「我們司法體系的心理衛生令人大打問號。」他每天都在嘮叨。

可憐人是某天早上來我們身邊的無名病人。他沒有身世，以市街為家，姓名和一切來歷都是個謎。也許是出於謹慎或是受到某種更高層次的癲狂所激勵，他才保持沉默，只願意對醫護人員開口。藥物令他昏昏沉沉，大半天都在臥床。護士叫醒他吃晚飯，攙扶他一路搖搖晃晃走到食堂。他來院當天步履蹣跚，光著腳丫，黑色的腳和黑色的指甲。長褲因為太髒，無法確定是什麼顏色。兩名護士扶著他躺下，他瞬間開始打呼。有人把他的鞋子放在床腳，我一直看著那雙面目全非的鞋子，簡直比乞討人的鞋子還不如；兩隻都是左腳。

起初我以為是自己在幻想，所以特別確認了一下：兩隻沾滿泥巴的左腳，兩坨老舊、無明確形體的褐色東西，鞋帶被泥漿淹沒已無法辨識。哀婉而動人，像是梵谷的畫作。一名護士在入夜時把這雙鞋子連同其他的衣物一起扔了。

在瘋人院裡，我接受許多檢查。驗尿、驗血、驗唾液；視力測驗、邏輯測驗和好幾百道的問題。我記下了其中幾題。

您過去半年來感到快樂嗎？您是否曾經出現視覺或聽覺上的幻覺？您喜歡羞辱那些您認為不如自己的人嗎？您會無緣無故地發笑或哭泣嗎？您認為自己現在這種情況是因為有人想要傷害您嗎？您是否經常睡不安穩？您是否曾經吸食毒品？您小時候是否曾跌傷頭部？您會夢遊嗎？當從事小組活動時，您是否有時什麼也聽不懂？您認為自己曾經做過不可原諒的事情嗎？您是否曾經有過某個不可告人的想法？

我謹慎作答，決定隱瞞自己的夢遊症，也沒有提到比希莫特和阿雷克榭的冰毒。

一位鼻子帶著大贅疣的性學家對我的性生活進行評估。面談最後，他用視診看了看我的陰莖，然後語重心長地向我提出兩個問題：「您的下巴在幾歲時開始長鬍鬚？那陰囊呢？」這傢伙看來有點瘋癲，差不多可以入院了。不過，他卻讓我回想起性歡愉的本能。關於性高潮的提問，我用模範生的自信回答：「我的快感有五分之四是來自於我帶給對方的快感。」

入住瘋人院的法定三星期結束後，司法精神病鑑定專家召開會議。斯韋特蘭娜·基里洛夫娜提交了一份十五頁的報告，並應調查委員會的要求進行總結；

她的工作也因此豐富了本書的內容。以下是她對我進行的簡要側寫，毫無增刪：

「尤安．B並無精神障礙，過去也不曾罹患精神疾病。他有能力體察自身行為的意義，以及可能造成的社會危害；他有能力掌控這些行為。本院並未發現任何心智退化的現象，也沒有譫妄或妄想等症狀。因此，尤安．B符合刑事制裁資格。有鑒於其精神狀態，當事人無須任何強制性治療措施，並可參與初步調查、偵辦和訴訟。當事人的個人心理特徵為：善於交際，精力充沛，固執，傾向於倚賴自身經驗，情緒變化呈擺線型，情緒表達十分活潑，渴望討好周遭的人。他十分堅持己見，忠於自己的原則，並以率直和堅定的態度來捍衛這些原則。他對自我持正面評價，興趣十分穩定，具有旺盛精力。只要確立目標，當事人就會展現高度魄力，表現出進取精神、批判思維，以及對周遭人員敏銳且實在的判斷。當事人明確掌握人生目標，並知道如何實現目標，堅持不懈，持之以恆。他知道如何號召和動員他人來實現計畫。他對於表達自我和成功有極大的需求。檢查結果並未發現當事人具有高度可受暗示性；檢查結果也未發現任何不正常性偏好的臨床徵狀，如戀童癖（對青春期前兒童產生性渴望）或暴露症（喜歡在公共場所暴露自己的生殖器來達到性興奮）。鑒於其精神狀態和性慾評估，尤安．B無須接受強制治療。」

19

／

沉默與傳言

我在精神病院的廁所裡偶然翻閱了維克多・佩列文的一本書，其中有段話引起了我的注意：

「我曾認識一位名叫莊子的中共黨員。在夢境裡，他看見自己是一隻在草地上飛舞的紅蝴蝶。但是醒來之後，他無法分辨自己是一隻夢見自己在從事祕密行動的蝴蝶，還是一位流連花叢的革命家。有一天在蒙古，莊子因為從事破壞活動而遭到逮捕。在審問中，他表示自己其實是一隻蝴蝶，在夢裡目睹了這一切。」

我也許是隻夢見俄羅斯的蟲子，不然就是俄羅斯夢見了我。

我戴著電子腳鐐生活了一年多，有時還可以感受到它的存在，在腳踝四周摸索尋找。

它像是某種大型手錶，不會進水，無法變造，內建電子晶片。監所人員可以在辦公室裡監視我的行蹤，誤差範圍三到五公尺。與腳環搭配的還有一支電話，裝設在公寓的起居室裡，只有監獄當局可以打電話給我，上頭裝置有感測器，負責遠程監聽和錄音。我已經離開中央監獄，但我仍是一隻被幽禁的蟲子，像是在玻璃罐裡的蟑螂。居家軟禁有相當嚴格的規定。我每天只能外出一小時，而且只能在有限的範圍內進行採買。我不可以聯絡瑪歌、狄安娜或任何曾在偵辦期間接受訊問的證人。一律禁止持有上網設備或個人手機。

在最初的幾個星期，我意識到我有時會被跟蹤，而且跟蹤者刻意出現在我能看到的地方。有輛汽車可能會在我家窗前停上大半夜，訊息很明確：我遭到嚴密監控，一不小心就得準備回牢裡蹲。

米海伊來家裡探視。她才剛下飛機，還是那麼地開朗。六個小時的飛行和五個小時的時差似乎對她沒有任何影響。她點上一根菸，在陽台上和我一起打量那位背著沉重肩背包執勤的年輕人。我們進到屋裡，她幾乎是開心地嘆了一口氣，然後吞了一口茶，品嘗我為她準備的可麗餅。我使用一對務農朋友自產的奶油和鮮乳，並嘗試不同於傳統的作法，米海伊相當佩服。我點燃澆淋上去的干邑，米海伊轉達了幾個加油打氣的口信，並告訴我聾人房裡的最新消息，也就是大使館那間無法聽見對方說話的會議室。使館私下議論著YB的案子，遠離手機電話和其他監控設備。最初的震驚已經過去，大使聽取情報和建議，下定決心要制止這齣鬧劇。沒人覺得會走到起訴那一步，更遑論是判刑。這就是俄國外省地方最擅長捏造的騙局，固然史無前例卻令人不快，但莫斯科當局會了結這案子。他們不得不這麼做，因為法國外交系統已經動員起來，一切都會告一段落。米海伊很得意，因為可以傳達給可能正在監聽的隔牆之耳；就是要讓他們聽見。

我不會遭到起訴。

大使館走廊充斥著各種傳言，尤其是那句經典的「無風不起浪」。這不過是員工私底下在八卦而已，米海伊要我別放在心上。她立刻就後悔說出這句傻話。黑資料是種既粗糙又精妙的手段，抹黑手法固然明目張膽，但卑劣的含沙射影卻如影隨形。魔術師精心調製障眼粉末，一撮撮撒在你面前，反正總會有幾個假聰明真低能的想當然耳地碎嘴道：「無風不起浪。」

不過粉塵終於還是落得到處都是——這是我在法國努力奔走的姐姐貝芮妮斯轉告我的。我們透過一套安全的應用程式聯絡彼此。坦然交心的時代已經結束：每則訊息都無法追蹤，全數加密，閱畢後銷毀。我使用一支登記在律師事務所名下的手機，這是種規避司法審查規定的伎倆。我可在娜塔莉或弗拉迪米爾面前接聽或撥打電話，就算俄方在搜查時發現這支電話，那也不是我的東西，然後以一時疏忽作為擋箭牌。我開始安排一個不為人知的生活。

每個人都在努力為我奔走。家人、同事和朋友一起組成了一個後援會。貝芮妮斯向我說起和外交部精彩生動的初次會面。十位公務人員以盛大排場現身，座椅嘎吱一聲，他們整齊劃一坐下，面對我姐姐、父親和兩位前來聲援的友人。俄羅斯是個司法獨立的國家，坐在中間的女性政治參贊表示，它也是個主權國家，整體運作還算是過得去，她身旁代表收容人福利辦公室的同事補充。清白的人終究會被釋放，現在必須保持冷靜，參贊建議。俄羅斯現在非常重視未成年人的權利，所以可能因此做出令人遺憾的粗暴舉措，兒童福利室一位法律專家說道。「不好意思，」一位蒼白的矮小男子插話，「可是我們無權干涉私人爭端。」領務安全辦公室堅持表明立場。兩位友人感到驚訝，貝芮妮斯提出異議；

他們全都大感不解。祕書把內容記錄下來。我父親插話提到大使曾表示會與俄方談判。首席參贊立刻開始說教：這起案件非常敏感。現場突然鴉雀無聲，一旁觀摩的實習生擤了擤鼻涕。我們已經動員起來，她接著說，無法透露所有的細節，但如果真有什麼陰謀不法的情事，我們一定會介入。各位不該要求太多，我們會隨機應變，但是無法提出放人的要求，我們必須保持專業、有禮和審慎。「至少有件事各位應該要感到欣慰，」參贊倉促結束會面，「不是所有家屬都有和大使閣下面晤的待遇！」

接著這十名小兵分別回到自己幽深的辦公室裡，各自寫好了準備被遺忘的會議摘要。

我很幸運，有許多盟友團結起來幫忙我。新的外交部長剛剛上任，他曾擔任南特市長，友人提耶利認識他。提耶利致電外長之後，法國那群親友的意見終於能夠充分傳達。再也沒有人可以歪曲事實，或是對這起案件視若無睹；再也沒有人可以逃避。外交部要求我們不可聲張，同時承諾會想辦法讓我不會遭到起訴。

瑪歌再次出現。我們在電話裡講了七個小時，整整一個晚上。我不記得我們說了什麼，只有肚子還記得當時的翻攪，耳朵還記得她痛苦的口吻和我憤怒的吶喊。我手邊有一份當晚對話的錄音，我試著重聽。「我人在倫敦，」瑪歌開口，「開始了新的生活。」她怪我冷漠，沒有在她生日時送上祝福，然後細數一連串的委屈。我傷害了她，我從來不知道如何去愛她。她向我傾吐愛意，也告訴我她和一位銀行家的戀情：一位要求很高的男人，很挑剔、品味很好、大方、體貼。他有時會大小聲，但事後會馬上道歉。「他在吧台點酒時不會順便問我想喝什麼，有點奇怪，但就是這樣，他還是很照顧我。」她笑著表示很開心我還健在，聲音隨即開始顫抖；她永遠不會原諒自己，她哭泣，她愛我，她千頭萬緒，提議要偷偷來見我。她怪罪自己醋勁太大，不告而別，說我總是後知後覺，說我是個一隻絨毛玩具熊，而愛情是一條狗。

每段戀情都有年限，我們的大限已至卻還不想訣別。我聽見自己陷入可憐兮兮的唉聲嘆氣。「我贊成安樂死，」瑪歌粗暴地打斷我，「無論是貓還是狗。」我沒會意過來。「戀情、愛情可以持續十年、有時十五年，但終究會比我們先死去，這大家都知道，但是我們卻還是快快樂樂地與之共存。等到結束時，我們就去尋找另一個人。我贊成安樂死。」瑪歌說了這些話，這些當戀人知道彼此走到盡頭的時候，可能會向對方說的話。如此宿命又不可理喻。

瑪歌睡不成眠。愛情是一條狗，「但你不是。」她對我說。她一走了之，把我一個人丟在這裡，她無法再繼續下去。她找來一位律師準備向調查委員會提告。三天後，我收到一份十二頁的文件，字裡行間流露出瑪歌的殘酷和智慧。她運用我很熟悉媲美外科手術的縝密思維，以暴力回敬暴力。她鉅細靡遺交代接受訊問的過程，還有針對她的恫嚇及威脅。她控訴調查小組製造偽證，並誘導狄安娜的證詞。她指出這群騙子利用了恐慌、妒意讓她受騙上當。她羅列了姓名，引述他們的話語和當時的情況。瑪歌是個內疚的受害者。這份指控讓她身陷危險卻也讓她如釋重負。她加入了我盟友中的先鋒部隊。

我不會遭到起訴。

調查委員會栽了跟斗，皮耶．理察遭到除名被趕出伊城，接替他的人叫做斯科提寧。

他握著我的手，打量我並表示我是唯一待過伊爾庫茨克監獄的法國人。一開始，我並不明白他臉上的笑容。

他的一言一行都是模範同志，總是談笑風生，而且不忘讚美別人。他在執行任務，試圖先讓局勢緩和下來，然後再把我推進深淵裡，手法相當高明。有一天，他表示很樂見把我引渡到法國，他並不反對，畢竟這起案件讓警方背負了汙名。他或許真的是發自內心。

還有一天，他問我是不是作家，因為他聽到了傳言。他先奉承了一番，然後拙劣地旁敲側擊，表示名人都在服刑時寫作，順便問了我一些明顯無關緊要的小事。這絕對是沒安好心，擺明在刺探我。後來律師告訴我，他是聯邦安全局派來的。調查就這樣持續進行，資料堆積如山，我和斯科提寧的對手戲持續了幾個月。

每次前往派出所報到或是進行假釋聽證時，都是伊利亞開車送我一程。其他時間，他會盯著螢幕監視我，掌握我合法外出時的行蹤。他會確認電子腳鐐的功能一切正常。他抽菸時一派輕鬆，精心打理自己的襯衫，就像打理他切齊眉宇的額前瀏海。我們逐漸熱絡起來，他問起我在歐洲的生活，很確定我遲早會被釋放，不會遭到起訴。他滔滔不絕談起他的愛好，歐洲足球隊、德國名車，並要我答應他在重獲自由之後，和他的朋友來一場狩獵之旅。我總是投其所好，打獵成了我們共同的愛好；他去年還獵到了一頭熊。我開始研究曼聯、巴塞隆納和都靈尤文圖斯等足球隊伍，後來還可以對BMW旗下的M系列侃侃而談。我喜歡它們強大的馬力，內外兼修的造型，欣賞它們靈活的操控性。這些座駕無可否認的超跑基因令人著迷。在伊利亞眼中，我就是個駕駛BMW M4雙門跑車的傢伙，這車是我的最愛。我甚至還在賽道上進行測試，腎上腺素頓時飆升，親愛的伊利亞，只要一握住BMW M4雙門跑車的方向盤，你就會心醉神馳，而我也一樣。時速從零到一百只需要短短四秒鐘，多麼暢快淋漓啊，伊利亞。這跑車全身都是肌肉，渾圓線條中不失優雅風範，甚至還具備流體力學優化的照後鏡，實在太爽了，不騙你，希望你有一天能像我一樣，有機會操駕BMW M4雙門跑車。

我們越來越親近。伊利亞很訝異法語中竟沒有單詞可以形容我們在市場隨處可見的那些小混混，也就是俄國人口中的Tchourki。我試著翻譯來討好他，表示可以說是高加索的北非仔或是中亞的阿拉伯佬。「我住的社區正在阿拉伯佬化。」伊利亞遺憾表示，「這個國家問題叢生，專找像你凡尼亞這樣的好人麻煩，一切都是為了錢！少數人就是用這種方式自肥，放任真正的歹徒逍遙法外，而且還有Tchourki敗壞社會；這國家真是骯髒墮落！」我正經八百地點頭，動作有些生硬。我打點好關係的不只是我的司機，還有和他一起輪值的同事索菲亞

（她從不開車但會在電腦前監控我），她會來公寓進行搜索。我很喜歡和她聊天。她跟我談起了經濟危機，提到她遠赴英國定居的表親，還經常談起她的孩子。

狄安娜一天天長大。我會錄製影片寄給貝芮妮斯或瑪歌，請她們播給狄安娜看。她知不知道發生了什麼事？我已經消失好長一段時間，她不記得我了。我只是個在畫面上比手劃腳的小傢伙而已，擠眉弄眼只是為了要人們相信人生畢竟沒有那麼糟糕。瑪歌告訴我一件事：有天狄安娜跑著跑著就摔在大街上。她爬起來後放聲大哭，舉頭望著從身邊經過的大人，淚水突然間停止，只聽見她問：

「我爸比在哪裡？」

調查持續進行。最後的案卷總共有十三大冊，一年多就佔據了公寓的四面牆壁。我在裡頭翻找任何文句上的破綻，但這工作實在太荒謬了，這堆多達數千頁的資料毫無意義。沒有任何控告我的人證，而檢方掌握的事證理由不是天馬行空就是牽強離奇。「這條命令簡直就是從屁眼裡拉出來的，而不是從調查負責人嘴裡說出來的！」弗拉迪米爾看完後氣憤表示，「我們真該吊死那些行文彆扭、賣弄術語的作者！」我的兩位律師感到憂心，什麼都抵擋不了國家機器。斯科提寧比他的前任更加狡猾。他的部門裡有一支不眠不休的軍隊，專門在修補法律漏洞。娜塔莉還是那個老問題：「究竟是誰要你身敗名裂？是誰如此大動作？」

有些日子，我會感到出奇地自由。我讀了普魯斯特的《追憶似水年華》。我從容不迫，購買瑪德蓮小蛋糕，自製瑪德蓮小蛋糕。我贊同普魯斯特的說法，糕點有脂腴的性感。我攝取《哲人言行錄》中俯拾皆是的喜悅，我品味《帕西法爾或聖杯的故事》，我重讀了我的導師布爾加科夫的作品，還有各種晦澀的大部頭書；這是種奢侈的享受。

我看了大量的電影和美劇，有時甚至連續十二小時盯著螢幕。我用七天追完八十六集的《黑道家族》，用四天追完頭兩季的《雙峰》。我無法自拔地看了兩遍六十二集的《絕命毒師》，並沉浸在《冰與火之歌：權利遊戲》的世界裡。如果需要大笑大哭，甚至目瞪口呆的時候，我會去觀賞或溫習蘇維埃喜劇。列昂尼德．蓋達伊的電影，米哈伊爾．科扎科夫的傑作，敏感細膩的南尼．莫瑞提和安妮．華達，手法一氣呵成的弗朗西斯．韋伯，還有柯恩兄弟、艾米爾．庫斯杜力卡或是大衛．林區的作品全集。

整整一個晚上，我徹夜彈奏吉他，哼唱如狼嚎的哀歌，打撈哀傷的深井。

直到凌晨，悲傷排空，我心滿意足。隔天晚上，我再次開始自彈自唱時，樓上鄰居下樓敲門。他發自內心同情我的處境，但實在很想睡覺，於是建議我混合服用安眠藥和抗憂鬱藥物，但我選擇了酒精；不甜的白酒是我的最愛。有時想要大醉一場的時候，伏特加已不再令我感興趣，我選擇威士忌和干邑，然後在YouTube網站上搜尋能夠逗我開心的影片。我的笑點沒有極限。

我從窗戶和陽台觀察人生百態：眼前的褐色大樓，早晨音樂學校門前的車水馬龍，晚間頻繁出入三樓娼寮的尋芳客，下午五點左右現身人行道的親子和推車，晚間六點左右被牽繩栓著的狗兒，還有每天固定在下午六點十八分到二十六分之間購買一公升啤酒的老頭子。他會坐在街角破爛的長椅上，小口啜飲直到晚上七點，同時啃著一袋葵瓜子，並按精準如節拍器的韻律呸出瓜子殼。

九月一日，孩子們成了街道的主人。開學日當天，小男生穿上整齊的西服，小女生身著蕾絲花邊洋裝，並將辮子盤在頭上搭配畫龍點睛的白色頭紗。到處都是鮮花、氣球和笑聲。

十二月三十一日跨年夜，看著鄰居在陽台上放煙火，我向自己舉杯。褐色大樓樓頂上的巨幅廣告牌吸引了我的注意。一位西裝筆挺的傢伙手執牽繩，末端是一枚巨大的狗造型氣球。狗嘴吐出標語，醒目金字承諾可以讓我的銀行帳戶迅速累積財富。第二天發生地震，貝加爾湖深處傳來輕微的動靜。地震在這裡很罕見，這是我第一次體驗到搖晃。貝加爾湖在向我問好，將我從麻木不仁中搖醒。我聽著收音機，是阿黛兒的節目。她幫助我從虛無走出來。節目中的來賓——通常是哲學家——說了什麼，我其實沒有什麼興趣，我在乎的是主持人熱烈而寬厚的嗓音，時而促狹淘氣時而侷促彆扭。從她突如其來的語氣轉折裡，可察覺埋藏其中的童年遺緒。我只等著一件事，等待來賓終於可以閉嘴，留給我阿黛兒那豐滿的氣息。我忘了是不是她將哲學比喻為拳擊，還是來賓提出了這樣的比喻。總之在輕度地震之後，我決定練習拳擊。我訂購了一只沉重的沙袋，將它固定在天花板上，並依照一位YouTuber專家的建議展開訓練。拳擊袋拯救了我。

在我有條不紊地揮拳時，亞歷山大登門造訪，我從窺伺孔看見他緊繃著臉。我出獄已經八個月。他將我抱進懷裡，對自己沒能早點前來探視、對於那些永遠不會來看我的人感到抱歉。我在他耳邊提醒他要小心謹慎。我們互道新年快樂，然後一邊對著監聽器說一些無關痛癢的瑣事，一邊在進行熱烈的筆談；一張張小字條就在桌面上往返於我們之間。只要有一方書寫的時間稍長，沒事的另一方就會對著沙袋出拳，同時胡謅一些關於拳術的看法。這是亞歷山大唯一一次來家裡看我。從那天起，我開始運用內行人的手法，使用專門工具並學習網路上的知識。我學會如何識別自己被人跟蹤，以及欺敵反制的方式。我設立了一個隱形信箱，專門安排我和亞歷山大的會面。我會在外出時和他不期而遇；在超市的貨架前、在樓下水果攤商古爾娜拉的店鋪後間。我開始運用海量干擾訊息讓潛在的監控者應接不暇。我會在自家或附近的餐廳約朋友見面，然後喋喋不休說個沒完。我會整天開著收音機並播放電影。有人跟蹤時，我會光顧酒吧，漫不經心地和陌生人閒聊。我會發送未加密的長篇簡訊，勞駕幕後的翻譯人員出面。我刻意表現出自己的冷靜，滿懷希望的面貌，還有對審判即將來臨的坦然豁達。我讓蟄伏在幽暗辦公室的人馬疲於奔命；在電話通訊裡講了一大堆無關緊要的廢話；我在鞏固內心的堡壘。持續了幾個月之後，監控的力道開始鬆懈。我很確定一件事：我的行蹤不再受人監視。

我正在計畫逃亡，知情的只有亞歷山大。

亞歷山大是位可靠的同志和戰友，身邊有許多人可以提供他情報。一位消息人士警告他：聯邦安全局現身干預，這事已是人盡皆知，而我究竟是不是法國政府的臥底特務，也沒有人敢肯定。為了謹慎起見，該名人士要亞歷山大不要插手。「那朋友的義氣呢？」他無法苟同。他對警告置之不理，從沒有棄我於不顧。他也讓我看清了事情的原委：這件事原本不過是招險棋，來自某個太想巴結長官而且野心勃勃的小主管。他認為只要獻上我的人頭，殺雞儆猴，就可以邀功希寵。我樹大招風，讓人不順眼，太多話，和市長走得太近，太過隨便放縱。我是個自大狂，讓我乖乖聽話有助於藏鏡人一路高升。一切都經過精心算計。千萬別小看聯邦安全局在偏遠外省的荒唐和閒散，亞歷山大強調，這些人都是難以對付的瘋子，為禍各地的白痴。最初的教唆者沒多久就窮於應付，然後遭到檢討。延宕的行動加上組織內部的傾軋，讓我得以出獄。莫斯科現在介入了訴訟程序，這並不是個好消息。事情已經鬧大，畢竟我曾公開譴責這是一場陰謀，牽涉暴力並偽造罪證。中止小主管幹下的蠢事等於是否認這個體制，聯邦當局別無選擇，只能硬幹下去，讓案件走向它必然的結果。

後來我收到這個訊息：

我親愛的尤安，你必須明白，現在已經成了人質危機。真正的強盜——克里姆林宮的強盜——已經接手此案，之後會有協商談判，你成了交換的籌碼。你將會被判處重刑，來提高談判的籌碼。他們想要把你送進制度嚴明的勞改營，這就是他們的計畫。你要保持冷靜但要有自知之明。我站在你這一邊，告訴我要怎麼幫你。

亞歷山大

於是我通知姐姐貝芮妮斯：他們準備起訴我。外交部召開會議。我在法國的一些追隨者想要打破默不作聲的策略，但外交圈堅持保持沉默。部長出面安撫大家，表示大使有天告訴他談判很成功，只需要再等幾個星期。他對自己出面斡旋取得關鍵進展感到相當自豪。案件會以不起訴偵結。俄方談判人員也向大使提出保證，我很快就能搭上飛機，離開深陷的泥淖。

我認為自己不會遭到起訴。

亞歷山大卻不這麼認為，種種跡象都表明他們不會罷手。他有天寫信告訴我：「大使低估了他面前的一群老狐狸，請叫他從頭開始學說俄語，還有學會判斷正派的談判對象！」

三天後，斯科提寧收到來自莫斯科的一封公文。我可以想像和感受他在打開信封時，臉上掛著的燦爛微笑和洋溢的興奮之情。

聯邦調查委員會下令將我起訴。

20

／

審判

一八二〇年代，亞歷山大．格里鮑耶陀夫用韻文體創作了一齣喜劇《聰明誤》，

並在集體記憶中留下一句至今仍切合時宜的七字台詞。

面對人滿為患的監獄，面對口徑一致的專橫判決，只需要一道七字提問：

「究竟是哪些法官？」

一分鐘。

兩分鐘。

三分鐘。

四分鐘。

與電子腳鐐連線的電話響起。

「喂！」

「是尤安嗎？」

「索菲亞您好！」

「您在家嗎？」

「是啊，您應該看到了吧。」

「您有撥弄電子腳鐐嗎？」

「沒有啊，有什麼問題嗎？」

「警報器剛才響起，我們從螢幕上看不到您。電子腳環還在您腳上嗎？」

「是啊，當然。」

「請待在家裡，我們馬上過去。」

我剛才使用鋁箔紙包裹電子腳鐐，這招可以阻斷所有信號，就像電子腳鐐被人扯掉一樣。四分鐘後，我接到他們的電話。監控人員花了八分鐘抵達我住處樓下。雖然很難相信，但我這才知道他們在附近就有一間辦公室。我頓時覺得失落。這些人的認真敬業增加了我脫逃的難度。我把鋁箔紙扔掉，打開大門。「奇怪，」索菲亞看看我的腳踝，然後看看她的監控設備，最後看著我的雙眼，「腳環的連線似乎沒有問題。」她在公寓裡轉了一圈，似乎察覺到什麼陰謀詭計。伊利亞拿出工具：「我來更換吧，有時電池快沒電就會這樣。這個新玩意兒就是垃圾，應該要呈報上去。」我不動聲色。

我又等了一個月才進行第二次的鋁箔紙試探，並選擇婦女節當天。三月八日，就和往年一樣，男人會湧進花店。老婆、情人、女兒、姐妹、奶奶、女性表親、女性同事、女性朋友，每個女人都應該收到鮮花。我在陽台上看著她們開心地捧著手裡的玫瑰、牡丹和鬱金香。連續一個多小時，電話始終沒有響起。最後，伊利亞打電話過來，大罵那些該死的電池。今天只有他一個人執勤，要等到下午過後才能過來更換腳環電池。前後六個鐘頭，讓我有充裕的時間動身上路並擺脫無線電監控。漏洞的確存在。

法院在六月開庭。親友們對外交途徑的挫敗感到氣憤難平。慚愧的駐俄大使私下見了我父親，表示自己「被人擺了一道」。大使的電話已經無人接聽，他被排除在兩國外長接手進行的協商之外。消息人士告訴我審判結果：我會被判刑。只要我接受判決，放棄一切上訴，也就是承認自己有罪，幾個月後，我就可以被引渡到法國。刑期會依據法國法律進行裁量並盡可能輕判，這是部長的承諾。根據他幕僚的推估，我入獄的時間不會超過兩年，在最壞的情況下也許三年。他們會想辦法，但現在最重要的是離開俄國，一切都會沒事的。

「唯一可以確定的，」亞歷山大提醒我，「是勞改營。」但令我擔心的不是這個。一想到狄安娜要到巴黎監獄破爛的會客室裡探視爸爸，我就憤憤不平。我該怎麼向她解釋？

難道我就只能任人踐踏？難道就這樣認輸，連名譽也可以不要了嗎？我已經別無選擇，我必須強行離開這個強行把我困在這裡的國家。

您要認罪還是申明自己的清白？針對這個問題，我已經擬妥六月二十二日當天的回答。

「我要以受害者的身分進行辯護。我是一起陰謀下的受害者，相信各位都知道。今天開庭審理的案件，完全是在執法部門主動配合下編造出來的。各位不能忽視這一點。在一個重視法治的國家裡，我本來可以成為原告，而那些偽造罪證，還有那些虐待一名五歲女童，毆打並威脅一名男子，同時恐嚇他妻子的警察等一干無賴，今天就會坐在被告席上。在一個司法不是殘酷鬧劇的國家裡，我六歲的女兒不會由一位從不曾見過她的公務員來代理。各位法官女士，這裡並沒有針對各位的意思，但是諸位來自一個令人憎恨的體制，目的是為了迫害男人、女人和小孩；一個為權貴和黑幫服務的體制，一個從內部敗壞俄羅斯的體制。原諒我，我不會按照分派給我的角色配合演出。我站在這裡是為了控訴，不是要為自己辯護。」

我的虛張聲勢發揮了預期效果，瞬間換來面前三位法官的嗤之以鼻。最年長的法官無法轉移她吃驚的如豆目光，最年輕的一位不耐地嘆了口氣，一邊用食指撥弄她金色的長捲髮。坐在中間的庭長不屑地打斷我：「回答問題就好，有罪還是無罪？」

弗拉迪米爾想要說話，我打斷他繼續說下去：「我女兒狄安娜最近告訴媽媽說她想要成為一名法官。她說：『等我當了法官，我就可以做決定，我會把壞警察關進監牢，大家都會聽我的話！』我不願辜負她年輕的使命。我站在這裡是為了控訴，不是要為自己辯護。」

人們說患難見真情，的確如此。人們也說這些時候多數人都溜之大吉，甚至有人會趁機搜刮遭到雷擊的屍骸。這些人比比皆是，所以才顯得我很幸運。在伊爾庫茨克，尤里在第一時間就築起防禦工事。在我遭到逮捕後不到幾個小時，他積極尋找最頂尖的律師。法協的主任有難，不僅可能身敗名裂，同時可能永不翻身。他強行進入精神病院探視我，後來到我的住處拜訪，對身邊的恫嚇和膽小之輩嗤之以鼻。他始終忠誠堅定。有天早上，尤里帶著令人看不透的天真，送來自己在鄉下種的藍莓，他告訴我：「伊爾庫茨克的尤安．B事件，相信我，這群外交官絕對會畢生難忘。這是非比尋常的經歷，哪天你一定要寫下來！」

所有人都要我出書。

舍房獄友渴望正義，要求我這麼做。有些人希望在書中出現，有些人堅持一定要在書中反擊；何不出版一本控訴的小冊子呢？獄警和調查人員理所當然談及此事。「那些回憶錄呢？寫到哪了？」皮耶．理察和斯科提寧先後向我打聽，口吻中夾雜了嘲諷與不安。律師、同事和朋友，每個人都有敦促我動筆的理由。

之後，大使鼓勵我考慮出版「一本透視俄羅斯的書籍」。前來探視的副領事在聽我描述事件的最新進展後，興高采烈地表示：「請務必寫成一本小說，我一定第一個捧場。」亞歷山大開玩笑說：「等你逃出來之後，那就是一本《基督山恩仇記》。」

當初，地方媒體描述我是個必須嚴加制裁的壞榜樣，代表了歐洲的墮落和當地的各種荒唐行徑。網路留言鉅細靡遺描述民眾樂見加諸在我身上的各種酷刑折磨。但我也有盟友，新的成員不斷出現，大家出面力挺。反對黨媒體也加入行列。幾個星期之後，攻擊抹黑的可信度越來越低，幾乎完全被淹沒。各種帶風向的手法粗糙拙劣，輕易就能看破手腳。審判初期，種種說法變化出新的版本，許多傳言不約而同附會一個令人失笑的無稽之談：我是一名為自己敵對行徑和行為不檢而付出代價的法國情報員，因為我至少是兩位名媛貴婦的情夫，而被戴綠帽的另一半怒不可遏拿我開刀。他們的身分在某篇報導中甚至呼之欲出。我心想，甚囂塵上的各種荒謬傳言其實對我有利，但亞歷山大又再次點醒我：「這些人捏造的故事根本站不住腳，他們很清楚，於是又虛構了別的情節，藉此把其他目標也拖下水。但是你還是身陷在同一個泥淖裡；越是讓人霧裡看花，你的嫌疑就越大，你做了什麼根本不重要。他們堆積各種司法卷證，建構一個不用多久就無法被人解讀的浩瀚天書。這些幻術大師千方百計偽裝自己，準備迎接即將到來的判決！」

審理過程預計將持續數週，這並不讓人意外。我對最後的不利判決也心裡有數。俄國司法制度交出亮眼的成績單，定罪率超過百分之九十九，一切早在宣判前就已經寫好。最後，意氣風發的檢察官出於職責發表簡短談話。法庭傳喚了斯科提寧和皮耶・理察，兩人鉅細靡遺交代偵辦過程，並不忘面露得意微笑。審理採閉門進行，大家都很自在。但是只要我在法庭上出言不遜，庭長就會面目一沉，但這只是過眼雲煙。這支歡欣鼓舞的團隊達成了目標。野獸精疲力竭，所有人待命準備給牠最後一擊。檢方還傳喚了多名證人，但沒有任何人對我提出控訴。不過為了讓大家體驗精彩的法庭演出，檢方還找來了各種專家：心理學家、精神科和小兒科醫生、資工專家、電話通訊專家、網路專家，甚至還包括藝術史專家。一名年輕無腦妹現身法庭，高聲朗誦某一圖像分析的結果，哇啦哇啦瞎扯中世紀男人和他們低等的道德觀，據她分析，兒童裸體畫之所以合法正是源自於此。我見獵心喜揪出錯誤，讓她那套愚蠢教條當場出醜。當然，法庭上真正的丑角只有我一個，根本沒人字在乎我串場的幕間短劇。我的反抗、嘲諷和抨擊都是徒然。

瑪歌以視訊連線方式出庭，再次針對偵查過程大肆炮轟，口吻無情犀利。下一個證人是她的母親，這玩笑令人拍案叫絕。各位女士、小姐、先生，請靠近一點，千萬不要錯過岳母大人的粉墨登場！檢察官迫不及待，興奮得直跺腳。法庭裡十分悶熱，所有人都在大汗淋漓的時候，螢幕上出現了一張浮腫的晚娘面孔。她拿出一個小本子，用鼻音濃重的高八度嗓音宣讀。她的右手緊緊握拳，使勁在空中揮舞，模樣像是個可徒手錘釘的劊子手，並用斯洛維尼亞語大聲叫嚷著要將我斬首。她先表示內容是按時間先後順序，然後從狄安娜的襁褓時期說起。她以從未執業但具備豐富臨床經驗的醫生權威表示，一名明顯樂於為女兒更換尿布的父親，等於患有嚴重的精神失常。她強調自己非常善於識別心理變態的跡象，而且在被告身上看到了最初的幾個——包括尿布——但還有很多其他令人憂心、不容置辯的徵兆。她用十分恭敬的態度表示願意加以闡述。報告持續了兩個多鐘頭才結束，在座法官的臉部表情比我還難看。在法協工作的伊娜勇敢出庭，同樣在法庭上宣讀她擬好的內容。她顯然是為了拿到一些好處，但也是為了報復令我不明所以的委屈。她不懷好意的眼神像是看到絞刑台就高潮的嗜血女性。這名紅髮蛇蠍女從登場開始，就令在場法官和檢察官笑得合不攏嘴。她談起道德觀，她自己的道德觀，還有保護年幼的女孩，以及她特別想要跟大家分享的幾則傳聞。我感到極度不耐。兒童福利處代表以維護狄安娜的利益發言。我強忍心中怒火，不能在敵人面前示弱。此時，一股排山倒海的感傷向我襲來，短短一瞬，我感受到了，它也感染了在整個法庭。

一齣接一齣的鬧劇動搖了我內心的堡壘。這些一成不變的傀儡用四不像的措詞譴責我的「行為具有反社會性質，旨在反對社會和無視普遍接受的道德標準」。我可能會被流放勞改營十到十五年，但這不是令我感到不安的真正原因。我心想，一個老巫婆或一名蛇蠍女竟能讓我坐立難安好幾天，我當初應該用不同的方式加以回應才對。我開始沒完沒了地質疑自己，放任自己屈服，我感到很羞愧，極度的羞愧，尤其是一想到自己低落的情緒只是因為一次童年的打擊：為什麼大家都不愛我，而且特別是女性？

我放下小男孩的不知所措，堡壘逐漸重建起來。我並非孤軍作戰，身邊還有許多戰士可以出面作證。的確，沉默怕事的人很多，但是只要法官想要盤點我所有的罪狀，朋友們就會口徑一致團結起來。遠在哥薩克原鄉的三姐妹全力動員，用一封封的聲援信件淹沒法院。有天下午，瑪塔接受法院傳喚走進法庭，遠從莫斯科來此全力開炮，法官們試圖恫嚇，卻奈何不了她。是的，我們曾經相愛過；她不打算隱瞞，也不打算為此道歉。我是個敏感的情人——她不打算透露細節——是個體貼的父親，她可以作證。沒錯，這張照片裡是她，半裸著上身，容光煥發地站在瑪歌身旁；一張單純又動人的照片，不是嗎？一群共犯關起門來搬演骯髒的公審，明眼人都看在眼裡，這些勾當終究會曝光，她醜話說在前頭，別想要她隻字不提。她瞟了一眼檢察官。臨走前，瑪塔用她融合澳寶石和木樨綠的雙眼驕傲地看著我，目光旋即轉為猶疑、感傷，但不改一貫的熱烈。她的微笑讓其他人的笑容都相形失色。此時我聽見鋼琴上的四手聯彈，當然是莫札特。

我取得兩位執勤警員的信任，過去一年來大家經常見面，他們向我打聽官司的進展。每次開庭，都是伊利亞開車護送我。他由衷希望我可以全身而退。我和他之間存在著人犯和獄卒有時會建立起來的微妙默契；體貼的舉動、親密的相處，接近於情感的牽絆，或許就是友誼吧。他們向我提起各自的日常生活，疲憊和週末時光，我也會詢問他們家人的狀況。兩人逐漸放下戒心。現在每逢週日，我可以一整天在外頭散步。伊利亞對此心照不宣，當天只有他一個人執行螢幕監控的勤務。我不得寸進尺，謹守他放任我爭取的些許自由；我從不遠離，並告知我的每一趟外出。我是個理想的囚徒，未來的棋友，以及謙虛又讓人羨慕的BMW M4雙門跑車駕駛。某個週日，我打算再次進行鋁箔紙測試，結果出乎我意料：伊利亞沒有任何反應。下一個週日也是一樣的結果。

我在法國的盟友決定打破沉默，但終究白忙一場。我將被判處重刑以儆效尤，他們心裡有數卻沒有放棄我。法國外交部雖未能阻止他們，但還是成功讓媒體沒對此大做文章。記者和外交官都是一副德行，既不想瞭解也無法理解，沒那個閒工夫也沒那個本錢，而且弄清楚了又怎樣？沒有人想要調查；這起案件太多模糊地帶，事發地點又太偏遠。媒體想要的是觸手可及的聳動頭條。我的親友安排了一個晚會，大家齊聚一堂，召集部隊並編制了幾個新的大隊。出席的有我的同事卡列斯，還有耗時多天嘗試聽打並翻譯荒謬起訴內容的茱莉亞。提耶利和艾里克負責政治遊說工作。我的家人也在現場。我的哥哥和貝芮妮斯、朱利安、索兒溫、奧利維和其他人都在努力為我奔走。菲利普宣讀一篇文章：「從前蘇聯會把想要關押的人當作瘋子處理，今天這些人被當作了戀童癖，好讓想要伸出援手的群眾感到卻步。但究竟有誰會蠢到去相信這樣的無稽之談？」朋友們公開說明整起陰謀的來龍去脈，所謂的「無風不起浪」被歸類在礙事反智的位階上。我的官司以最真實的面貌呈現出來：一齣手法拙劣的騙人把戲。我擁有一群可敬可佩的辯士，是他們讓我能夠堅持下去。

夠了。我和腳踝上的電子腳鐐共存了一年多，潛逃的時候到了。

過去幾個月，我擬定了兩個計畫。計畫一：我越過最近的蒙古邊境，途中會經過山區，需要嚮導指引開路。我研究過地圖路線，我的身體狀態很好，不用四十八小時就能抵達蒙古。計畫二乍看之下比較危險，但更能夠出其不意，或許成功的機率更高：我穿越西伯利亞，在自然風光中銷聲匿跡，後面的追兵不會一開始就往西邊搜尋。我會避開管制區，走公路五到十天就可以抵達莫斯科，再從那裡越過俄羅斯西方的邊界。有三個人知道我逃亡的打算：亞歷山大和他的一位女性同夥，後者會在頭幾天負責帶我上路；還有我的姐姐貝芮妮斯，我會在路上時告訴她前往的方向。

法國的情報人員為了執行某些任務，會以「臥底身分」採取行動。他們長達數月有時數年，利用縝密捏造的假身分生活。臥底身分是個十分脆弱的外衣，只有嚴格遵守某些準則才能發揮保護作用。我閱讀和瀏覽所有可以取得的相關訊息，盡可能要自己做好準備。我熟悉俄國的環境和應對的策略；熟記大量資訊，攜帶需要的裝備。我準備了好幾個劇本，按小時為單位規劃路線。我很享受自己正在做的事情並且全心投入。

亞歷山大為了我冒著生命危險，如果沒有他，這趟逃亡絕對充滿險阻。所以當我說起這位同志，所有的描述當然都純屬虛構。在我筆下，他是一位睿智的西伯利亞長者，外貌特徵也經過變造。我改變了他的嗓音、年紀，也許還有他的性別。亞歷山大有許多面孔，我在上頭再糊上一副紙黏土面具。混合的素材已經凝固，連他自己都能察覺；他顯得很困惑。面具很黏，表層堅硬，完全無法將它揭下，可以和肉體完美黏合。這場假面嘉年華逗樂了亞歷山大，他開心地用手指滑過我描述為禿子的頭頂。別想碰亞歷山大一根汗毛，各位，門都沒有。他出現了，以泰加林紳士的獨特穿搭現身：一套優雅的雙扣直筒西裝。這是我們最後一次見面。我們坐在十二月黨人廣場旁一張僻靜的長椅上。我們不會再見面了。他本想幫我弄來偽造的身分文件，但是太危險，被人識破的風險太高。他遞給我一張瑞士護照的影印本，我的大頭照巧妙出現在上頭，也許無法無往不利，但聊勝於無。當下我成了瑞士公民，名叫藍道夫。

他起身，將雙手插入衣袋，頭也不回地穿過馬路。

21 ／ 在橫越公路上

一篇描述罪犯世界的文章寫道：

「獄警總是比人犯粗心，斯湯達爾在《帕爾馬修道院》中就告訴我們：

『獄卒對鑰匙留心的程度不及囚犯對逃亡的執著。』」

文學的恩典讓一群陌生人彼此對話。

瓦爾拉姆·薩拉莫夫超乎尋常地需要文友普魯斯特和斯湯達爾，

而我則需要跟我說起斯湯達爾的薩拉莫夫。

里程〇公里。九月的一個早晨，星期天，時序已經入秋，但幾乎感覺不到秋意。藍道夫一夜未眠，行囊已經備妥。他神采奕奕地面對這個世界。現在是上午七點。

他打開手機裡的一個廣播節目，阿黛兒的聲音傳入耳裡：「大家早安！大家好！各位喜歡聽故事嗎？從前每天晚上在枕畔或床緣聽到的故事，或是令人無法置信、不敢闔眼的離奇故事……我們今天要介紹的是一本冒險小說，顧名思義的冒險故事，呼應楊凱列維奇為冒險賦予的哲學定義：『冒險就是未來突然之間來到眼前，無論是好還是壞。』就讓冒險的慶典開始吧！」

藍道夫神情緊張，每個動作都一絲不苟。他拿起一捲銀色鋁箔紙，湊近固定在左腳踝上的電子腳鐐，將它裹上鋁箔紙，過程十分專注。他坐下來，等待四分鐘，然後起身看一眼他寫下的須知事項。他沒有思考，執行記錄在紙上的步驟。屋外沒人，他拉開窗簾，把燈打開。他揹起背包，將一艘藍色紙船放進口袋。他走下樓梯。

空盪盪的公寓裡，一封兩頁的信件醒目地擺在客廳桌上，是寫給俄羅斯聯邦的司法當局和外交部長。信件內容理智坦然，但也不乏一絲憎恨。信末寫道：

「按照寫好的劇本，各位現在的職責是追捕我，而我的職責是不被抓到。」房間角落遺留了一個GPS裝置。幾個小時之後，調查員會找到它、開啟它。他將會發現一條記錄下來的路線，沿途的標記點，一路直達蒙古邊界。他的目光會被蒙庫薩爾德克山所吸引——這座標高三四九一公尺「永恆的禿頂」，也是薩彥嶺的最高點。他會看到庫蘇古爾湖附近一個村莊的名字。

天空高闊，充滿了雲朵。藍道夫往客運站走去，早晨的風讓他覺得很舒服。他一路上都在確認自己沒被跟蹤。他登上一輛前往東薩彥嶺的的小巴；時間是上午七點二十四分。

他買了車票，和其他乘客一樣就座，然後把手機藏在座位底下。在巴士出發前幾分鐘，他藉口尿急下車。手機在沒他作伴的情況下展開逃亡。很快，警方就會沿著誘餌的足跡追趕上去。

藍道夫買了菸，抽了一根，搭上一輛計程車，想著自己無緣看到的群山。寡言的司機將他載到一處無人小巷，距離科爾察克將軍的銅像僅有幾步之遙。上午七點五十七分，約定的時間是八點。有狗在吠叫。八點〇九分，這世界變得令人難以容忍。藍道夫咒罵自己，咒罵出賣他的亞歷山大。他看見一隻陌生的貓從身旁經過，不是比希莨特，而是一隻帶晦氣的貓。遠處傳來警車的鳴笛聲，他很猶豫，該不該離開這個地方？「啊，我真是個天真的傻子！」這句話在藍道夫的腦裡迴盪，還有「卑鄙的猶大！人渣！該死的亞歷山大！」一名警察走近後隨即走遠，根本對他無視。「趕快了結這一切吧！」八點十一分，一輛白色的廂型車停在他面前，他核對車牌號碼。這世界又重拾了親切的面貌。一雙藍色大眼望著他。

「藍道夫？」

「早安，柯塞妮亞。」

「上車。」

她是位金髮女子，鴨舌帽下藏著講究的髮辮，一身工地服裝束。兩人第一次見面，不太交談。一切都經過鉅細靡遺的規劃，每個人都知道自己演奏的聲部。在這個逃犯的腦袋裡，一個聲音再度開口：「丟人！竟然懷疑亞歷山大，真是可恥。」

里程七十九公里。廂型車在一條有高大落羽松遮擋的小路停下來。柯塞妮亞攤開一面鋁隔毯，藍道夫鑽了進去。他可以在裡面剪斷腳環，不用擔心它會發出最後的信號位置。他很清楚這樣的預防措施多此一舉，但必須讓同行的夥伴感到安心。她的舉止野蠻但精準到位，他的鎮定態度則讓人感到放心。他們像是認識很久的朋友，彼此演奏的聲部完美契合。鉗子將腳環的金屬和塑膠夾碎，藍道夫自由了。他摸摸腳踝。當天其餘時間，他都藏身在車輛後面的紙箱裡，上頭堆覆著沙子、石膏袋和工具。車輛重新發動，藍道夫睡著了。

溫度升高，柯塞妮亞開始流汗，雙手緊握著龜裂的方向盤。最初的幾個小時非常關鍵，她若有所思。如果警方發布警報，路上就會出現路障。逃離市區的過程還算容易，但是追兵可能埋伏在整個地區，至少還得再跑個七百公里才算脫離險境。這方向只有一條路可走，一條筆直穿越泰加林的漫漫長路。到目前為止，公路暢行無阻，沒有任何令人不安的信號。柯塞妮亞欠身仰望天空，仔細查看：沒有直升機。但願這些窩囊廢不會往西走，她像在祈禱般對自己重複。唯一的威脅是警方臨檢，愛管閒事的條子去翻攪後面的沙土——不太可能，尤其是在週日。她會在十五個小時之後，將她的包裹遞送到一千公里外的克拉斯諾亞爾斯克。她會在那裡睡上一覺，然後在清晨離開。明天晚上，她就會回到家裡，等待週一的假期結束後，在週二如常上班。她的手機會和亞歷山大一起共度週末，一同散步。週二晚上，她會和父母吃飯，皮奧特也會前往，一家人商量婚禮的事情。她會感到有些疲倦，但對完成的任務心滿意足。沒有人會知道她出了遠門。只有暗中行動才能對付潛伏在暗處的混蛋。柯塞妮亞為正義、為她的導師亞歷山大挺身而出，也因為她相信真實的生活是一場不設限的冒險、一趟精彩的受苦受難。

雖然我沒多費工夫加以粉飾，但沒人可以找到她。沒用的，各位，怎麼尋找都是白費心機。我不認識她，而且就和亞歷山大一樣，我沒把握還可以再見到她。日子將會過去，祕密和這些字句會約束我們，而他們將會讀到這些獻給他們的段落。

這輛廂型車經常運載兩條狗和打獵帶回的動物屍骸，令人作嘔的動物氣味瀰漫藍道夫四周。他抱著雙膝坐下，雙腿抵著胸膛，將臉部遮擋起來。他在這處狗窩的沙土下淌著斗大的汗珠。他吃穀物棒果腹，只飲用少量的水。他不時碰觸腳踝，覺得腳環依舊陰魂不散，像是個被截斷的肢端。從車身上的一個孔洞可以看見外面的片段風景；秋天的第一抹色彩呈現眼前。柯塞妮亞加足馬力，超過一輛又一輛的卡車；最純粹的霸道就是自由。樺樹、加油站、公路餐廳在眼前一閃而過。途中經過了鐵道，是西伯利亞大鐵路。下雨了，很理想的天氣。柯塞妮亞很滿意，雨水可以冷卻引擎。公路上有許多大片路段正在施工，車速不得不放慢下來。她咒罵道。

里程七百五十五公里。晚上七點，廂型車停下來，它已經離開伊爾庫茨克地區。藍道夫可以離開他的狗窩。他站起來，覺得全身麻痹，踉蹌幾步後又坐下。兩人走進一間幾乎沒人的餐廳。在偌大的棋盤格地磚大廳裡，一架電視機發出支支吾吾的咕噥。他們狼吞虎嚥吃了幾片可麗餅並飲著紅茶，兩人都帶著心滿意足的倦容。她打呵欠，他微笑，無須交談就能明白對方；他們很喜歡這樣的世界。廂型車在黑夜裡再次上路。

旅途的尾聲相當愜意。天空飄著雨，藍道夫換到前座，暖氣令人感到溫馨。柯塞妮亞播放音樂。布拉特・奧庫德扎瓦哀婉的歌聲撫慰著旅人，其中有段禱文：

主啊，只要地球仍在轉動，太陽依然升起，請賜予每個生命欠缺的東西：賜予賢哲智慧，賜予怯懦者馬匹，賜予有福之人財富……還有別忘了我的那一份。

路程最後幾個小時都在播放「水族館樂團」的作品。通常在長途旅行中，總會有一首歌在描述心境、靈魂和精神的狀態：

哦，榮耀之海，哦，神聖的貝加爾湖！

我們聽著〈貝加爾湖逃犯箴言錄〉。鮑里斯．葛雷班希克夫毫不矯情地獨自演唱，帶著善良之人的淡定仁慈。沒有一貫的大合唱，只有深沉的低音和令人沉溺的共鳴：

很長一段時間，我拖著沉重的鐵鍊，
徘徊在阿卡圖伊和它的溪谷裡，
一名同志幫助我走出困境，
我自由了，生命又回來了。

兩個隱姓埋名的人在目光交會的剎那，噗哧笑了出來。

里程一千零六十三公里。就在要半夜一點之前，他們抵達克拉斯諾亞爾斯克，西伯利亞第三大城，人口一百零六萬六千九百三十四人。攝氏十二度，微風徐徐，清爽宜人，我們大口呼吸。

柯塞妮亞輾轉於夜間書報攤和不同的酒吧到處打聽。藍道夫只是在一旁點頭，一聲您好或是謝謝。這時候不能留下任何線索，不能因為口音而露餡。柯塞妮亞找到了她鎖定的一位房東，對方不太計較住客文件。房東在一張紙上記下柯塞妮亞出示的俄國護照資料。這不是她的護照，是她偷來的，照片根本不像，對方也不在乎。他收下了一週的房租，給了鑰匙便回去睡覺。兩名共犯倒頭睡在在沙發床上。

上午七點，柯塞妮亞起床，準備再次上路。藍道夫掙扎著睜開雙眼。她坦白自己從未經歷過如此深刻的不安，特別是剛上路的頭幾個小時。藍道夫將她抱進懷裡，低聲說了謝謝。她永遠不會忘記他，他會經常想起她。他看著金黃燦亮的髮辮消失在樓梯間裡。

藏身處位於這棟二十層大樓的九樓，地處市區人口最密集的地帶。高樓大廈，觸目所及盡是林立的高樓大廈。大樓出入都有門禁管制。藍道夫可以從窗戶將進出人員盡收眼底，沒有人會發現他在這裡。他在不到一公里的地方，發現一座超大的購物中心，裡面有五十一間服飾店、二十二間鞋店和十三間銷售香水和彩妝的店家。為數三十一間的餐廳提供百嚼不爛的速食餐點：漢堡和黏糊糊的壽司、毫無生氣的披薩。這地點十分完美，我們就只是數千名路人甲當中的一名路人甲。我們可以連上無線網路。商場裡隱約迴響著輕音樂，相同的曲目每幾個小時就會重複一遍。

藍道夫連續四天待在公寓裡足不出戶，他有物資存糧，一切按照計畫進行：盡可能不要出門，觀察動靜。他樓上有一名火氣很大的女人，成天飆罵自己的女兒。某天晚上有人敲門，他一度以為大勢已去，手裡抓著一把長刀。底部的門縫滑進一張廣告傳單，推銷員的腳步聲逐漸遠離，然後敲了敲鄰居的門。第五天，藍道夫走出他的洞穴，前往購物中心。他連上網路，關於他行蹤不明的報導充斥媒體。俄國已經發出聯邦通緝令。這完全在意料之中，但他怦怦的心跳仍持續了好幾分鐘。他依照約定，在安全信箱發送訊息。亞歷山大的回覆透露他似乎很擔心，而且是第一次感到害怕，原本要從莫斯科過來協助的團隊希望等到風頭過去之後再說。藍道夫當晚沒怎麼睡。清晨，他做了一個決定：最安全的路就是他獨行的那一條。他必須在被人發現之前先一步採取行動。他手邊有一支新手機，兩張匿名的ＳＩＭ卡，還有一些盧布和歐元現金。路程只剩下四千多公里，值得冒險一試。這位來自日內瓦的公民在汽車共乘網站和租屋平台上分別註冊了一個帳戶。BlaBlaCar和Airbnb是量身訂製各種掩護和身分的供應商，利用它們就能豐富這位瑞士旅人的偽身世，大隱於市並避開警方。善用手機等於披上隱形斗篷。這名逃犯準備好了，更糟的是：他迫不及待投入這趟令他害怕的征途。

這是他在俄羅斯的最後一次冒險。藍道夫就像是當初來此一樣，向自己賞了一記大耳光，釋放出熱辣的歡欣和令人窒息的痛楚，藍道夫心想，但願它就此失去我，讓我成長並讓我歡欣。他決定改頭換面，美髮師幫他染髮做造型。她在他額前呼了口氣，把剛剪好的頭髮分邊。他顫抖了一下。這女人真是位藝術家。現在她在藍道夫的後頸吹出溫熱、帶著芬芳的小口氣息。他沉醉在帶著咖啡巧克力香氣的性感吐息之中。一切都會非常順利。第二天，他啟程前往新西伯利亞，旅伴是位什麼都能聊的業務主管，除了和工作有關的話題之外。在漫長的路途中，他們談到了瑞士的山景之美，西伯利亞的風光，還有斯托爾貝震撼人心的巨岩、日內瓦、滑雪。兩人聊起紅酒，聊起與孩子分離時為人父親的難處。他們分享經驗，熱絡交談，並同意果戈里領先時代的看法。俄國有兩個問題：白痴和馬路，馬路和白痴。他們承諾彼此會保持聯繫，目的地就要到了。共度十二小時的友好氣氛令兩人十分感動。再會，祝你好運！

汽車共乘，真是了不起的發明。

里程一千八百五十公里。晚上七點半，兩人抵達新西伯利亞，俄羅斯第三大城，烏拉山以東第一大城，人口一百五十八萬四千一百三十八人。氣溫攝氏十九度，天氣晴朗，光線柔和，太陽剛剛西下。

業務主管返回旅館。藍道夫假裝前往預訂的旅店。今天可把他給累壞了。面對駕駛，他裝出一副迫不及待造訪西伯利亞聯邦區首府的模樣，但暗地裡卻是在手機上安排接下來的行程。他展開逃亡並堅守自己的假身分。他當下感到著急，不知道該去哪裡。他在等待回音。手機鈴聲響起，一輛金屬黑ＢＭＷＸ４，目的地：鄂木斯克，午夜零時，列寧廣場會合。他現在就在廣場上，還有四個小時的時間。藍道夫前往一間之前去過的酒吧，那是發生在他的另一個人生裡。他坐在吧枱前吃了一頓飯，並仔細安排接下來的行程。他確認時區，計算時間。晚間十點左右，酒吧開始熱鬧起來。十點十分，一群夜店咖的老大遞給他一杯啤酒。十點十四分，達成交易，他點了一瓶伏特加請大家享用。不到十一點，客人在舞池裡、餐桌上，在現場的鬨笑聲和碎玻璃中手舞足蹈。十一點三十五分，藍道夫摟著一位肌膚雪白的高級應召女。她吻了他，他告訴她：「太美妙了！乾杯！」十一點五十五分，他表示要先離開，她要他承諾會再回來。他會的，他邊走邊賠不是，只是要去找個朋友而已。他已經離開酒吧，女子仍在高喊，說他是灰姑娘，準備逃離午夜的十二聲鐘響。

藍道夫坐上金屬黑ＢＭＷＸ４，司機正在他光鮮亮麗的座駕旁抽菸，一大道疤痕劃破了他那副流氓嘴臉，他今年三十一歲。前座是他的母親，染了一頭火紅髮色，無任何漸層過渡。她每兩個小時就要把兒子痛罵一頓，而且每一次都能找到新的理由，屢試不爽。藍道夫窩在後座，身旁是一位緊張的年輕女孩，一頭綠髮並留著粉紅色的長指甲。他打了好一會兒瞌睡，接著就睡著了。他在作夢，夢裡他化身成魚，游著游著，試圖逃離想要抓住他的海豹。他必須一直往幽暗的水底游去。夜裡一個低沉嗓音將他驚醒，他顫抖一下，昏沉的大腦無法思考。交通警察在檢查車輛和司機的文件，手電筒刺眼的光線在後座來回梭巡。藍道夫魚還來不及擔心也沒時間去瞭解，車子就重新開動。他可以再次沉入夢境深淵。

里程二千四百八十公里。鄂木斯克，人口一百一十七萬八千一百人，烏拉山以東第二大城。上午九點半，氣溫攝氏十五度，空氣瀰漫連日光都難以穿透的霧氣，也可能是汙染。

粉紅指甲女付了車資，一聲不吭地下車離開。藍道夫獲知這輛ＢＭＷ要開往葉卡捷琳堡出售，疤面駕駛還要再開一千公里。他經常長途駕駛前往烏拉山區，連續駕駛二三十個小時，有時甚至更久。他已經習以為常，只要休息一下喝點咖啡，往往都能一帆風順。這門生意的酬勞很不錯，一車可以進帳一千到三千歐元。藍道夫決定順水推舟，和這對母子一同前往葉卡捷琳堡。母子兩人也不覺得驚訝。途中有位新乘客上車：一名休假的阿兵哥。接下來的旅途十分難熬，因為對方問了上千個問題，像在試探他所偽裝的瑞士人身分：

「日內瓦有多少人口？」

「大概二十萬。」

「沒錯，維基百科是這麼寫的。」

「你有你女兒的照片嗎？讓我看一下！」

「沒有，我身上沒有。」

「你在開玩笑吧？你把它藏起來了？為什麼？」

「不是的，是我昨天一時不注意，手機被人偷了。真倒楣！裡面的資料都沒了。我剛又買了一支新手機。」

「去他媽的！這個國家。」

「……」

「那秀一下你的臉書吧！你的帳號是什麼？我要加你好友。」

「我沒在用臉書。」

「怎麼會？」

「……」

「那Instagram呢？」

「我的私生活不想任人過問！」

「那你怎麼和朋友聯絡？」

「約出來見面啊！」

「是吼……」

「而且我有使用WhatsApp和Telegram。」

「我也是！」

「太好了，那把你的號碼給我。」

「好哦。但是你很奇怪耶，瑞士人，你到底在這條路上做什麼？」

疤面駕駛插嘴道：「別去煩人家，你這混蛋！他跟我們是一起的。人家是在大草原上開疆闢土的夢想家！」大家都笑了。

「這些全部湧入歐洲的阿拉伯人真是災難啊，你們在日內瓦應該有採取對策吧？」媽媽問。兒子又問：「同志在你們國家可以結婚是真的嗎？」阿兵哥說：「讓小朋友看見這些娘炮在大街上親嘴，那問題可大了！」媽媽：「怎麼會！我們還是可以阻止他們，把這些人抓去坐牢或是接受矯正。這對他們和我們大家都好。移民才糟糕，還好我們這裡還能保有一點純淨。」阿兵哥興致正好，加油添醋說：「應該把黑鬼、阿拉伯佬和死娘炮一起送入禮堂，這樣比較省事！」媽媽不悅表示：「不好笑！你沒看到那群猴子在德國侵犯那些金髮女生嗎？集體性侵，簡直引狼入室！難道歐洲女生就應該讓他們上下其手！然後還為這些靈長類生孩子！真是見鬼了！可不是所有的遷徙動物都會輕易加入文明的行列。」

大家問起藍道夫的看法，他支吾閃躲。「你留著大鬍子，又不是什麼娘炮，為什麼要幫他們說話？」阿兵哥很不滿。媽媽繼續批評：「還有那些移民，如果他們闖進你家，你會眼睜睜看他們奪走你的麵包、老婆和工作嗎？」大家的談興越來越高昂。對於某個統治地球的爬蟲種族是否存在的探討，結束了這熱絡的場面。疤面男對母親出言不遜，說她實在笨得可以，智商只有母雞程度。媽媽十分堅持，說她看過千真萬確的影片，有很多國家元首其實都是披著人皮偽裝的大蜥蜴。阿兵哥認為應該深入研究這種說法。藍道夫點點頭。

里程三千四百三十四公里。到了葉卡捷琳堡，人口一百四十四萬四千四百三十九人，俄羅斯第四大城。晚上八點半，氣溫攝氏十九度，石磚路面還留著晴朗白天的餘溫，一陣微風讓大家平靜下來。

BMW的乘客在抵達前最後一小時度過了氣氛融洽的笑鬧時光。大家親吻彼此，祝福彼此。阿兵哥邀瑞士人去喝一杯，後者藉口推辭。藍道夫急忙趕往在網路預訂的公寓，總算可以喘一口氣。房東推薦他一間餐廳「弗拉泰利」，城裡最棒的義大利餐廳。

薩科-凡塞蒂街六十二號，餐廳安排這位觀光客入座一張大圓桌。現場四重奏演奏令人尷尬的電梯音樂。他用來蘸麵包的橄欖油十分出色，滋味濃郁帶著木質芬芳，還夾雜一絲令人驚豔的香草味。一瓶蒙特維提尼葡萄酒送上桌，十分清爽，就像是眼前的女服務生，瑞士人心想，帶有紫羅蘭、溼土、菸草和牧草剛收割的香氣。松露布拉塔乳酪令人感到更加放鬆愜意，綠蘆筍濃湯讓人平靜，進入冥想境界，然後讓經典的牛肝菌燉飯化開在通體之中，這一切都是為了迎接最後檸檬甜點放肆挑逗的口感。「喝醉是不智之舉。」藍道夫向決定步行回家的藍道夫說。他在途中欣賞一座十分潔白的教堂，上頭裝飾如蜜的金鐘，顏色像極了他剛才飲用數杯的陳年義大利白蘭地。他閱讀一塊說明牌：「為紀念神聖俄羅斯所有光輝聖徒所流的血而建立的教堂。」二十世紀初，教堂所在的地點是一棟大宅院。布爾什維克黨人就在宅院的一處地窖槍斃了末代沙皇尼古拉二世，以及他的妻子、孩子和宅院僕人，那是一九一八年七月十七日。

里程四千四百一十九公里。喀山，人口一百二十三萬一千八百七十八人，韃靼斯坦共和國首都。晚上十一點，氣溫攝氏十四度，城裡下著大雨，天空濃黑如墨。

教堂、沙皇都已成往事。藍道夫坐上一對醫生夫妻的小車，又跋涉了一千公里。醫生娘一路上發送小黃瓜、水果和巧克力，讀詩、歌唱並隨著她年輕時的當紅歌曲扭動身體。他先生一首接著一首播放，同時興致勃勃地評論每一支歌曲。藍道夫樂此不疲，還錄製了幾段影片，並在群山出現時叫嚷著「烏拉山，我來了！」他和後座同行的男子聊了起來，對方身上的刺青透露他曾經坐過牢；年輕時不懂事，他遺憾地表示。男子個性溫柔，後來改行養狗，名叫阿札特。清晨五點會有另一位司機將藍道夫載往莫斯科。等待期間，他和這位蓄著長鬍子的更生人坐在一間咖啡館裡，一邊抽水煙一邊飲用植物和蔓越莓熬煮的飲料。他們是唯一的客人。再過幾分鐘，情況將全面失控。一名男子帶著一位十分吸睛的女伴走進店裡。男人全都是爬蟲腦子。女子大方露出胸部，誇張挺出傲人雙峰，一襲朱紅色洋裝完成了剩下的工作。她身邊的小屁孩穿著一件和洋裝同色的運動外套，肩部有三條白色飾帶。單純的醉意在他身上發酵成酒瘋，他動作變得粗魯，嗓門分貝放大，充滿挑釁意味。阿札特打量對方一眼，然後高分貝表示他以為這地方很清靜，客人都很有水準。這無賴逮到機會。

「兩位有什麼問題嗎？」

「有，我和我朋友來這裡休息，但你卻過來打擾我們，這就是問題。」

「什麼？」

「你聽得很清楚，講話不要大小聲，給我坐遠一點！」

「你羞辱我又耍我，操你媽的，有沒有搞錯，來到我的地盤撒野，你這混蛋！這天殺的安靜的酒吧，他媽的，這可是我——我——我天殺的酒吧耶！幹你媽的！給我滾，死娘炮，帶著你們的臭雞巴給我滾！」

藍道夫站起來，示意阿札特不要說話，現在不是逞強鬥狠的時候。他用懺悔的語氣大讚這地方，並表示他們馬上就會離開，不想惹上麻煩，他們會結清費用然後走人。兩人要來帳單，請求店主原諒，連賠不是，對不起，真的，我們表示歉意。這無賴面露得意然後走遠。他向穿著黑洋裝的女服務生命令了幾句，然後回到紅洋裝的身邊。藍道夫把鈔票放在桌上，阿札特撿起來還給他，掏出自己的鈔票，然後下樓去上廁所，他們之後就會離開。藍道夫猶豫了一會兒，他本來可以在外面等待，但是又回到座位上。他的心緒平靜下來，心底的天使告訴他：「你處理得非常恰當。」他沒看到惡棍老闆從背後接近，而且對方手裡還拿著一把用來點燃水煙炭火的小噴槍。藍道夫一個回頭，立刻閃開，但噴槍上燒紅的金屬擦過他的臉頰，然後整把砸在他的右肩上。他的襯衫被燒穿，皮肉遭到灼傷。

藍道夫大叫，推倒偷襲的歹徒，桌椅翻倒一地。這惡棍爬了起來，藍道夫也站起來，心中點燃熊熊怒火。他快速揮出一拳，不痛不癢的第一拳，像是帕西法爾在誤打誤撞下，用聖矛刺穿了騎士維米爾的腦袋。他揮出堅定的第二拳，是加西莫多在巴黎聖母院鐘樓上衝撞孚羅洛。第三拳之後就是十倍奉還，十足的暴力，像是失心瘋般要把敵人的頭顱給割下。我們化身殘酷的伯圖里亞的朱迪斯，砍下了何樂芬將軍的頭顱；我們解放了一座城市和性高潮；我們歡欣鼓舞，像個成功復仇的得意少女；我們成了艾莉亞．史塔克，用劍刃刺穿了敵人的身軀。她站在屍首上拭劍，而就在這一刻，我們也成了她姐姐珊莎．史塔克臉上滿足的微笑。當她轉身背對囚禁在籠裡的劊子手時，我們是她輕盈的步履。珊莎聽見對方淒厲的叫聲和一群正在吞噬他的惡犬所發出的吠叫聲。

藍道夫在他身後留下了尖叫的紅洋裝和沉默的黑洋裝，還有蹲在馬桶上的阿札特以及一具倒臥在血泊中的身體。對方受傷的臉已無任何表情，只是張大了嘴巴和一雙呆望著天花板的眼睛。在紅褐色的地板上，有一枚帶血的牙齒還在旋轉。

他左肩背著行囊在溼滑的人行道上奔跑，突然失去平衡摔了一跤。他必須洗個澡，重新整理好情緒。他奔跑，尋找，但是尋找什麼？那裡，一間開在僻靜巷弄的藥局，他可以使用藥局裡的洗臉台。他運氣真好，臉部沒有受傷，血跡可以擦掉，只有額頭有道幾乎看不見的擦傷。關於肩膀的燒傷，藥局建議使用名叫「救星」的藥膏，並協助藍道夫包紮傷口。他可以提出傷害告訴，因為傷口看來很嚴重；要我們幫忙叫警察嗎？謝謝，幫我叫計程車就好。他試著清理右邊鞋子上的血跡，更換衣著，把燒焦的襯衫扔進垃圾筒。他調整鴨舌帽的角度，雙頭鷹在黃色燈光下閃著光輝。有個聲音傳到耳裡：

我名叫藍道夫，魔鬼與我同行，你們永遠奈何不了我。

他消失在夜色裡，一隻胖黑貓在他身後追趕。

里程五千二百四十五公里。莫斯科，下午六點，氣溫攝氏二十一度，人行道、街道和室內，有超過一千兩百萬蟻人在此生活。

賓士GLC雙門跑車以犀利之姿駛入首都，駕駛是一位瘦弱的男子。他身旁前座的乘客在鴨舌帽下打盹，這樣就可以不用聊天應酬。他的右肩灼熱疼痛，而且他覺得自己在發燒，也可能是因為這幾天的高昂情緒開始消退並發生了改變。

就在一個小時前要進城時，有三名警察攔住賓士，為興奮情緒澆下冷水。他們查核駕駛的證件，包括駕照、行照和保險，然後發現後座癱著一位奇裝異服的乘客，像是在躲避什麼一樣。警方把他叫起來。藍道夫始終望著前方，無視警方的舉動。他暗自咒罵這個天上掉下來的街友，咒罵他一頭油膩頭髮和假裝豁達的人生觀；他咒罵駕駛，咒罵他脖子上來回晃盪的東正教小十字架和他基督徒的慈悲心，讓他願意收留這個對一身破衣衫自豪不已的遊民。藍道夫這個逃犯騙過了身邊的人、身後的追兵，甩掉了聯邦安全局，然後銷聲匿跡，沒有任何差池、沒有任何破綻，奔波了五千公里的爛路。他在途中忍受燙傷疼痛，盡責地為社會除暴安良，難道這一切只是為了在進莫斯科前敗露行跡？原因只是警方懷疑這名乞丐而查驗全員護照，然後粗魯揭下藍道夫的假面具？

駕駛決定在他的賓士GLC雙門跑車上飆罵警方：車輛所有的文件都沒問題，你們究竟想怎樣？索賄嗎？那就說出來嘛，各位，大聲說出來你們就是要錢嘛！這段斥責果然見效。車輛在一陣牢騷和一聲扼要的髒話中重新上路。

藍道夫抵達莫斯科，是他還是他的嘉年華分身，沒人知道；面具和戲服可能已經融入他的皮相。出逃的他已經十天沒有報平安。波爾沙雅-雅基曼卡街上的法國大使館電話響起，一隻顫抖的手接起電話，幾則訊息經過加密應用程式進行交換。

米海伊：有你的消息我鬆了一口氣，你還好嗎？

藍道夫：很好，我人在莫斯科。

米海伊：我要怎麼幫你？

藍道夫：請大使前往聾人房，我這裡有三個選項：

一、掩人耳目地快速進入大使館。

二、約一個僻靜的地方，派個人過來，我們當面商量。

三、當作沒有這個訊息，我繼續走我自己的路。

米海伊：我再回覆你。

二十分鐘後。

米海伊：選項一。我們已經在等你了，使館旁邊的鐵門，你知道吧？

藍道夫：十分鐘。

22 ／ 金牢

在一本小說中，柳德米拉·烏利茨卡婭從一個箱子裡拿出這封信：

「妳好，我可愛的小女兒！

門剛剛關上，只剩下我一個人面對孤獨和各種念頭。

目標：讓這次的入獄成為有趣的消遣。

我會把所有的事情寫下來，鉅細靡遺，因為當妳讀到這裡的時候，

一切都已經成為往事，回憶本身也將裹上一層淡淡的詩意。」

這世上一切都有屬於自己的決定性一刻。

我經歷了它，接受了它，最後卻將自己鎖在一間使館裡，為什麼？是因為識人不明？但我認識這些承辦案件的公務員，知道他們的能力，也很清楚自己的利用價值。只是我現在完全不堪用、沒有用，甚至可能危及他們的烏紗帽。在推開使館大門的時候，我究竟以為自己可以期待什麼？

難道是我肩上的燒傷讓人想躲進牢籠裡？這是源於我負傷動物的本能？也許吧。我還有另一種解釋：監獄強大的趨性。是我心甘情願自投羅網；我喜歡圍牆、高塔，放任自己沉溺在奢侈的獨處中；我可以安靜地閱讀、寫作。在我開始記錄這個故事的時候，我才意識到自己落入的陷阱。

我天真地跳下車。緊張的憲警在鐵柵門後等待，並一路部署到人行道上。米海伊打開大門讓我進去。我們經過安檢門和一條長廊。她帶我到廚房附近的一間小套房，就在大使官邸對面。大使坐在房裡等我，身邊是沉默不語的第一參贊，負責記錄我敘述的內容。敲門聲打斷我，管家在桌上放了一瓶紅酒。大使謝過後為我們斟酒。他先喝了一小口。

「聽著，您讓我們惹上了大麻煩……像這樣的情況，我們都知道它何時開始，卻不曉得何時才能結束。您進來了，好吧，但是沒人可以保證您什麼時候才能出去。一個月，一年，十年，看著辦吧。我已經打電話給部長，他人在紐約參加聯合國大會。我說動他把這件事轉達給俄方，一刻都不拖延。您懂嗎？我不想惹上麻煩。俄國人已經知道這件事了，錯不了，大使館正受到監視。他們應該第一時間就曉得了。總之，我們已經通知俄方，現在要看能不能進行談判。他們非常憤怒，可能要付出很高的代價。您在外交部那裡不會只有朋友而已。現在必須小心謹慎，我們會把你藏起來。這整件事情可能會搞得各方灰頭土臉。」

我禮貌性地點點頭。我簡直不敢相信，我才剛掙脫了枷鎖，現在又落入了不折不扣的泥淖裡。

法國外交部上下謹守著一條戒律：「無論什麼情況，都要先想到顧全自己。」這句箴言公開或私下在外交圈中流傳，有各式各樣的版本；它穿透臟腑、深植人心。我從一位圈內人口中聽到了最貼切的描述。他很平凡又愛搞笑，十分懊悔自己得罪長官而未能如願升遷。有天，我在莫斯科開會時碰到他，他在走廊上列舉了外交官的三大要務：「第一要務是Cover your ass（掩護自己），其次是服務自己，最後才是服務國家；在我們有能力的情況下偶一為之。」反射性的自保反應是理解地緣政治的關鍵，他說。我進入大使館引發了自保反射：大使不知所措，驚慌之餘也透露他了對俄國情報單位無所不能的迷信。

在這霧裡看花的情勢中，大使館在對方入館不到一個小時，就通報了館內有一名在逃的法國海外公民。聯邦安全局分析師對此必然額手稱慶。我很清楚他們得出了什麼結論，以下向各位說明。俄國安全局推斷使館裡都是一群驚慌失措且魯莽行事的人員。其實監控行動原本很難在每日川流不息的訪客、員工和僑民中，明確識別想要找尋的目標，就算有什麼了不起的工具，也需要幾個星期甚至好幾個月才能奏效。加上這群因為害怕而自亂陣腳的人也沒什麼能力，即將到來的談判對俄方來說是個有利的開端。

低估眼前對手的實力會讓我們面臨極大危險，但是高估他們的實力則會讓人一敗塗地。

在紐約，一名外長猶豫著該不該接近另一位正在把香菸捻熄的外長。他們年齡相若但毫無共同點。法國外長表示想要私下談談，俄國外長請他進到一間小會議室。雙方帶了各自的傳譯，然後坐下晤談。我知道他們說了些什麼。

「請說吧，敬愛的同事。」

「我想和您分享一個關於尤安・B的情報。」
「是嗎，他是不是被蒙古人逮捕了？還是在山裡被熊擋住了去路？據我所知，沒人發現他的屍體啊。」
「他人在莫斯科，大使剛剛通知我了。」
「您在開玩笑嗎？」
「很遺憾，這不是玩笑。他躲進了我們的大使館，我們不可能把他丟在外面，您應該能理解。我可以向您保證，我們對現在這種情況感到很遺憾。」
「您是說他跨越了俄羅斯？」
「我想是的。」
「您是在開玩笑吧！但這傢伙究竟是何方神聖，竟然能夠成功脫逃？」
「我可以向您保證這背後絕無欺騙手段，和法國情報單位一點關係也沒有。我們對這樣的情況感到很遺憾。」
「真是一團糟！這事一旦傳出去……」
「我們很清楚後果，所以建議雙方私下展開談判，將我國的公民引渡回法國。」

「很好，我們會考慮的。」

「謝謝。」

「我們會提出交換條件。」

「那是當然。」

「我必須通知相關人員。先把話給說清楚：一旦哪天媒體披露了貴國公民現在的行蹤，任何私下的協商都將破局，你我勢必會走向公開對抗。」

「我們心裡有數。」

我在這金色牢籠裡住了一年，支配著一間十五平方公尺附衛浴的套房。我在這裡過得很舒服，有網路連線、有書和兩扇窗戶：一扇因為常有人員走過而拉上窗簾；另一扇則提供些許光線。大使送了我一件睡袍當作禮物。

剛來的前幾天，我發現身上燒傷的皮膚沒有復元的跡象。我對著鏡子觀察傷口，大概是一枚硬幣的大小，但傷口遠比我想像的還要深。我不得不向米海伊交代受傷經過，於是隨口捏造了一個匪夷所思的家事意外。她沒多問，送了一些藥品過來。傷口逐漸癒合，在今天留下一個星狀疤痕，也像是張用力撇起的嘴巴；當噴槍鋼片插進我肩膀時，我大概就是這種表情。有時我會告訴自己這是被授予的軍銜，肩上別著一枚美麗的紅色小星星；這是我應得的。

那一幕只持續了幾秒鐘，也許有一分鐘，我皮膚燒焦但保全性命的那一分鐘。我偶爾會在腦海中回想當時的情況。我走近那無賴，當他是我的拳擊沙袋。經典的拳擊套路：兩記直拳加一記勾拳。我的右拳擦過他的髮梢，左拳結結實實地捅入他的眼睛，而勾拳則擊碎了他的臉。我可以感覺他的鼻軟骨在我的拳頭下應聲爆裂。他的雙腳失去重心，跌在地上。我逮到機會，舉起大腳猛踹，而且是瞄準他的臉。一枚門牙噴了出來。

一隻鞋子落在沒有動靜的身體上，我擦去上頭的血跡。

我比他還危險，比這座城市裡的任何人都危險。我離開的時候不清楚他是否還有呼吸。

於是我焦急地關注來自喀山的新聞，在報導當地新聞的網路媒體中搜尋。我的ＤＮＡ和指紋都在聯邦警察的檔案裡，如果他死了，我的身分就會曝光。殺人兇手。

我毫無悔意，只是怕被發現而已。我的處境越來越糟，有誰可以幫我？有一天，我再也熬不住了，聯絡阿札特。他很高興有我的消息，他的聲音令人安心：「沒有什麼讓人惋惜的屍體，你放心吧，那混蛋還活著！」阿札特當時上樓後發現了一灘血，一張面目全非的臉，便在眾人的尖叫中逃離。第二天，警方找到了他，他也並不擔心；女服務生的證詞已經將他排除在外。警察在該區尋找我的下落。阿札特表示我是德國人，名叫尼曼德。德國鬼子幹的好事！他就知道這麼多，也沒有我的手機號碼。警察建議他先去鄉下避風頭，尼曼德應該是幫派分子，而惡棍老闆涉及了多起不法案件——他已經出院，所有證人都指出他也有動手。

警方對他提出的告訴敷衍了事。

本案偵結。

我偶爾會去關心惡棍老闆的動態，追蹤他的臉書。這傢伙非常活躍。他已經完全康復，搬了家，坐了牢，生了個兒子，妻子離開了他。我覺得自己像在守望一個偶然和自己碰撞在一起的人生。昨天他貼了一則懺悔文，表示自己不幸的遭遇還有他給別人帶來的不幸，都因為自己的壞脾氣。我想像自己和他就著一壺茶和一根和平水煙達成和解。在我重讀這個段落的時候，我得知他死了，大概就是在我寫下這些字句的時候。溺水死亡。我不知道是不是有人將他強壓入水中。

我的這些文字或許是想要撫平他的痛苦。

我在大使館裡的房間是個很安靜的地方。最初幾個星期，外交團隊明顯還抱著一些希望，因為手中握有一個談判籌碼：一名被關在法國蔚藍海岸某處的俄國黑幫老大。但是沒多久就沒人再提起。這些俄羅斯惡煞非常頑強，我聽說，加上法國就要舉行總統大選，每個人都小心翼翼，不敢輕舉妄動，希望不動聲色先卡好位子。現任大使希望最後一任能派駐中國，但是執政團隊表示反對，靜待他兩年之後屆齡退休，畢竟中國大使一職別具戰略意義；就算現在已經是二十一世紀初，大使的任命還是得總統陛下用印才算數。但對於同期的同學，對於邀你來家中度假的朋友，總是有辦法騰出一些時間，在卸任之前簽下一紙提名書。

只有幾個人知道我的存在；我是一個身世必須保密的小侯爵，飯菜有人負責送來。從窗簾的縫隙中，我留意到中庭對面有飲宴的燈火和喧譁。今晚有位部長來訪，廚子和管家上門為我送來一盤羅勒冰淇淋，下面鋪墊一層干邑燒炙的柑橘果肉。我們很快就成為朋友，他們經常在下班後來找我。沒多久，我就可以進出廚房，自己動手料理餐點，請他們試試我的手藝。我對自己的蒸茄子感到很得意，用百里香、芫荽和檸檬油漬之後，再配上輕漬過的黃瓜和洋梨丁，最後撒上畫龍點睛的烤芝麻。共享美食的樂趣總能寬慰任何痛苦，效果持續一到兩個鐘頭。

副領事每週五都會來看我，這是例行公事。他知道廚子週末前會為我送上許多甜點，我也會和他一起分享。

他擔心我會突然失心瘋，翻過使館高牆向俄國警方自投羅網。今天，他去了一趟停屍間，這幾乎成了例行性的工作：有個法國人的屍體需要指認。一起尋常案件。一個喝醉多金的二十二歲年輕人在首都深夜狂歡，遭人迷昏後洗劫財物，最後被扔到莫斯科郊區某處活活凍死。副領事離開前重複他一貫的叮嚀：「冷靜和耐心，嗯？」

午夜過後，當所有人都入睡時，我會去中庭走走，抽根菸。我向監視攝影機和螢幕後的監控人員揮手，向夜巡的憲警打招呼；他從不回應，落實使館規定。這是米海伊告訴我的，不能和我有任何接觸，命令就是命令。我心想：難道我是鬼？但雪地上明明就有我的腳印。

大使館裡的時間跳脫尋常秩序。使館裡有白衣女子出沒，管家曾經見過，而且不只他一個。他煞有介事向我說起鬼故事。女鬼晚上白天四處徘徊，會穿過鏡子和門窗。她從不躲藏但也從不開口。這宅院在十九世紀是歸伊古姆諾夫所有，據說他就是讓這裡鬧鬼的元兇。他當時包養一名女舞者，有天居然撞見她依偎在一位騎兵團軍官的懷裡。他把不識相的軍官攆走，腦中浮現的第一個念頭，就是把自己所愛的女人給活活糊進起牆裡。這樣的愛情令人疑惑。每晚散步時，我經常叫喚白衣女子，但她從未現身，也許是因為比希莫特的緣故。牠總把我當瘋子，要我閉嘴，跳到我肩上撥弄我的頭髮取樂。

在大使館裡，我迷失了方向，身體支離破碎。

房裡酒瓶堆積如山。米海伊經常在晚上來看我，帶來一些廚子和管家沒能送來的物資。我現在擁有品項完整的藏酒：葡萄酒、陳年李子酒、干邑、來自巴巴多斯的特級蘭姆酒，還有我最喜歡的蘇格蘭威士忌。我請人送來一把吉他和多本書籍，過著還算愜意的生活。我是一位身著睡袍、帶著慵懶醉意的柏拉圖。

每月的一個週日，大使會私下邀我去喝一杯。我會等到動線都沒人的時候，穿過中庭到大使官邸。他會下樓開門，像平常一樣和我握手，然後別過頭去，像是在閃躲某種眼神、某個動作、某種氣味；我從來沒能弄清楚。只要別把這種反射動作放在心上，我們會面的過程都還算愉快。小客廳十分溫馨，裝飾一面法蘭德斯織金掛毯。我們會抽一點菸，搭配好喝的威士忌。大使會在杯裡兌些水，我會向大使夫人斟上一杯金巴利，加個冰塊嗎？是的。接著大使告訴我談判有多麼棘手。「放心吧，你讓我們片刻都閒不下來，我們會照顧你，會把這事給處理好；我們和你都有相同的目標。坦白說，我自己的目標啊，是想把你送回你原來的地方，然後再也不要聽到有人跟我提起尤安・B！我開玩笑的啦，別信以為真，不要誤會我的意思。」我很有風度地陪笑兩聲。我們可以談論選舉、他的規劃和天氣。他有偏頭痛的毛病，總在抱怨莫斯科的天氣，咒罵它突如其來的氣壓變化。他有時也會說些心底話。很不幸的，他是一個被腹黑之人包圍的王子。他變得多愁善感、慈眉善目，在談及人權議題時慷慨陳詞。他關心我的情緒，表示可以提供自己收藏的DVD。夫人非常贊成丈夫的提議，也借給我她的冥想坐墊。有時，大使也會擔心我哪天出去之後說了什麼。他再為自己斟上一杯威士忌，也要我再倒一杯。說教的時間到了：「外交官從不說謊，聽好了，好比現在是記者會，有個記者問起我你失蹤的事情，我只會簡單回答：『我們持續和家屬保持聯繫並全力動員。』這是個很管用的回答，無須承諾什麼。」

有一次的週日餐酒會，我離開客廳，穿過隔壁的小飯廳，走上樓梯經過一條接著一條的走廊，然後就迷了路，完全找不到廁所。我路過一間小書房，電腦還開著，大使沒有登出帳號。我打開他的電子郵件信箱，快速搜尋之後，將所有包含我名字的郵件轉寄到我的信箱。我小心翼翼刪除動過手腳的所有紀錄，然後才回到客廳共飲威士忌。

我在房間裡爬梳偷渡的郵件，看到了幾封我從伊爾庫茨克脫逃前幾天的通信內容。大使敲響警鐘，表示自己完全不明白這些俄國人在盤算什麼。「我被人擺了一道，」他寫道，「尤安・B將被判刑。」這將造成非常嚴重的傷害：氣炸的聲援委員會勢必會大張旗鼓地四處張揚，絕對錯不了，一些知名人物也會出面抨擊法國外交部、政府還有國家。快，各位趕緊找好退路！大家一起腦力激盪。米海伊、領事和副領事、各領域的參贊，所有人團結起來生出了四頁立論縝密的《反論》。我就要被送進勞改營，這些人卻只有一個念頭：築起一道防禦工事和煙幕牆來保住自己的烏紗帽。他們想盡辦法守住地盤，有些人甚至提議利用俄國安全局在地方媒體散播的謠言，表示整起事件是起因於一個被戴綠帽的財閥，有何不可呢？所有能轉移焦點的伎倆都非常歡迎，哪怕是最荒唐的言論也無所謂，總之絕不能阻礙人事提名和升遷的順利進行。他們相當樂觀，默不作聲就可以悄悄埋葬尤安·B。

當天晚上我沒怎麼睡。清晨，我坐上了冥想墊。憎恨、哭泣、笑都於事無補。我持續尋找答案，如此而已。在我腳邊的比希莫特難得一次沉默不語。牠等到傍晚才又重新開口，當時領事和副領事一起登門進行禮貌性的拜訪。他們被派來向我轉達伊爾庫茨克那裡的進展，態度有些為難地說當地高層怒不可遏，我的脫逃等於是賞了他們一記耳光，警方還有安全局內部有人等著人頭落地；這些都在意料之中。法官徑行宣判，做出了缺席判決：在制度嚴明的勞改營中服刑十五年。「您當然已經有心裡準備了，可是會對此感到難過嗎？」我默不作聲，副領事覺得有必要開口：「冷靜和耐心，嗯？」

幾個月來，我被困在這間金色的牢籠裡和我的睡袍形影不離。我驅趕睡意，不停地閱讀直到精疲力盡。拜加密應用程式所賜，我和幾位親友維持從未有過的密切聯繫。我每天都和瑪歌、貝芮妮斯聊天，要她們放心。我沒有倒下，媽咪，不用擔心，卑躬屈膝、王子諸侯，這些對我都不算什麼。我在等待時機來臨，雖然前倨後恭，但腰桿始終沒斷。弟弟告訴我他剛喜獲千金。我喜歡和他聊天，兩人舉杯慶祝，距離完全不是障礙。我乾下一杯祝福的烈酒，李子的芬芳蔓延全身，我幾乎可以感覺李子就在牙口間脆裂，用溫馨的暖意澆灌我的大腦，然後昇華為酸嗆的熱湯。歡迎妳，小朋友！

有時，我情緒低落，聽見有人在說話、在笑，我開始懷疑身處的現實。好比說今晚，我在中庭裡抽菸，絆到了一塊鬆動的石板，差一點摔倒。那一瞬間，我聽見了狄安娜在尖叫：當時她看見我在學校中庭裡沒有鋪平整的石磚上失去了重心；那是在伊爾庫茨克，九月的一個早晨。

當時學校剛開學，家長、爺爺奶奶和孩子們聚集在人滿為患的講台前。每個人都盛裝出席，現場擺滿了鮮花和氣球。女孩的頭髮上點綴白色頭紗，小男孩都打上了領帶，只有少數幾位標新立異選擇了領結。在出席的家長中，有戴滿勛章的退伍軍人，有衣著邋遢的父親，有尺碼過大的西裝，更特別是有一群包含各年齡層的女性足蹬高跟互別苗頭。老師們和校長的致詞沒完沒了，但浮誇措詞中流露的真摯情感已經令我感動莫名。我置身在蘇聯和它勝利凱旋的外省地區，眼前景象背後也許就是俄羅斯的靈魂；我不喜歡這樣的說法，卻還是將就地用了它。但我內心有某個人或某個東西絕對不會弄錯，它明確感受到某種精神遺緒，源自殘酷的古拉格時期所建立起來的儀式排場。人性友愛、光明且純樸，堅信善良是一種集體的力量，而愛很簡單，永遠不敗且幼稚童真，就像是知識一樣。擴音系統劈啪作響，麥克風沒調整到位，這些都不重要。傾盡靈魂歌唱舞蹈的孩子們，用最純粹的喜悅和溫柔感動了我；這就是他們學習的方式。人群裡傳來騷動，大家往兩旁讓開。就是這一刻：學校年紀最長的十一年級生，大概十七十八歲，穿越中庭，肩上扛著年紀最小的五歲女學生。後者揮舞著小鈴鐺，敲響了本學期的第一道鈴聲。大家都很感動，而我是最感動的那一個；一顆淚珠從我的臉上滾落。我往後退，鞋跟絆到了一塊石磚。狄安娜看到我步伐踉蹌大叫一聲，其實我的姿態有些滑稽，但她感受到了我的慌張。那聲叫喊和二月的那個早上，當她面對一群粗暴的蒙面人時如出一轍。現在，我在大使館中庭踢到一塊該死的石板，我又聽見了狄安娜。看到我步履搖晃，和我一起抽菸的米海伊立刻扶住了我。她告訴我每天晚上應該多走幾步路，我的身體很虛弱，雙腿沒有足夠的支撐力量。我們坐在桌前，她為我倒了一杯葡萄酒。在我喝酒的時候，她的胳膊撞到湯匙碰到了盤緣，尖銳的聲響直竄入腦門。我立刻被帶往西伯利亞大鐵路；畫面和聲音的搭配簡直完美。我聽見一名工人用榔頭敲打鐵軌，就在我們座位下方，狄安娜嚇了一跳，窩進我懷裡，雙手緊抓著我，把頭枕在我的肚子上。我震顫了一下，身體的記憶竟令人如此悲痛，我把酒水吐了出來。米海伊眼看情況不妙，遞給我一條餐巾，那硬挺的質地和我在調查委員會裡用來拭去嘴角血痕的布巾一模一樣。時光倒流，回憶一幕接著一幕上演，我聽見走廊上傳來令人心碎的聲音：「我爸比在哪裡？我爸比在哪裡？」

我覺得自己再也無法思考、沒有力量、沒有絲毫的存在感。

23

／

消失的鬼魂

在惡劣天候掃除憂鬱的良方：
挑選紅軍在內戰期間哼唱的一首歡樂歌謠，然後熱烈地一同唱和：
「啊，小小蘋果臉，上頭有藍莓，
資產階級靠近點，我要挖出你的眼；
你的小眼變不見，只留下另外一邊，
好讓你這小王八，瞧瞧誰才是老大。」

叩、叩、叩。

這不是米海伊平常小心翼翼的四下敲門聲，不是領事急促的兩叩聲，也不是管家或廚子猶疑不決的三叩聲。剛才的敲門聲很乾脆，明確中不失禮貌，需要訓練有素才能執行如此明確的三叩聲。我等這一刻已經等了好幾個月。一名寬肩男子走進房裡，要我把手機和電腦關閉，他把窗簾拉上。

第一天晚上，我們先認識彼此。他希望釐清一些問題，和我一起研究環境，但最重要的是事先簽署一份保密協議。我答應了。他又打量了我一會兒，然後才終於說出關鍵字眼：祕密撤離。只要我願意承擔風險，只要我遵照指示並保持絕對的沉默，不用幾天，最多幾個星期，兩位法國對外安全總局的特務就會引導我離開這裡。有幾個不同的方案，他們會在執行任務的時候通知我。

「您的身體狀況還好嗎？」

「應該還好。」

「有辦法在崎嶇的地形步行一整天嗎？」

「我的耐力很好。」

「高山健行，您懂嗎？連續好幾天。有經驗嗎？」

「有。」

「很好，這是一種方案，還有其他比較容易的方案，走公路或是搭飛機。您需要有良好的體能，在等待我們的時候多做一點運動，好嗎？」

「我會做好準備。」

「那就好，我明天晚上會和另一位同事過來；還有一兩件事情需要搞定。有問題嗎？」

接著，房門毫無聲息地關上。

叩、叩、叩。

兩名男子走進房裡，他們像是從一個模子裡刻出來的。他們各自將手裡的皮箱攤在我床上。今晚要進行試裝。兩人拿出衣服、假髮、配件和一台相機。假面嘉年華，我心想。大家開了幾個玩笑之後開始認真試裝。我們留下了一頂灰白假髮，搭配一副煤灰色鏡框和棕色鏡片。「這個風格就對了。」第一位男子表示。他噴上髮膠，幫我做造型，後退一步摸著下巴，像個造型師般撇起嘴巴：「完美！」另一名男子要我背對白色牆面，將帶來的燈具對準我，然後沒完沒了地進行調整。他希望照片上面不要出現任何陰影。這一張就對了，他們可以拿它來做護照。我的角色現在需要一份職業，某種離我似近又遠的行業：我會是位導演，正在物色俄國演員。剩下的就是創造自己的簽名，祕訣如下：保留自己習慣的第一道筆畫，然後增添一個簡單且無法識別的新樣式。想要扮演另一個身分需要專業的知識。在撤離任務的壓力下，開始的落筆有時不受控制，顯得有點輕率。大腦必須重新振作起來，前後不用一秒，它下令執筆的手是來自一個虛構人物。我在好幾張紙上寫滿了簽名，手腕終於抓到篤定的感覺。我勾勒一道蜿蜒的長筆畫，寫上幾個難以識別的字母，外加一個大寫的L，這號人物就出現眼前。

他們提醒我：我會受到監控，只要我違反保密規定，行動就會取消。需要的是信任與沉默。兩人說完便起身離開。「不用擔心，我們會幫忙您貫徹行動。」臨別前又丟了句玩笑話：「如果出現我們無法解決的問題，最壞的情況就是讓問題消失，那豈不太可惜了。」

房門悄無聲息地關上。

接下來的兩個星期風平浪靜。我落實自己的健身計畫，而且滴酒不沾。我收到一條加密訊息：前置作業順利進行，我必須做好準備。一個月過去了。法國選出新任總統，我聽過他滔滔不絕的演說，時而吶喊、時而顫抖，但多半言之無物，難得和我虛度的淩遲時光有個共同點，但似乎也沒有人對此感到憂心。第二個月，然後第三個月過去了。加密訊息重複著「耐心」二字，內容也越來越簡要。我察覺到其中的為難之處。我明白了。

沒事可做。

時間停滯。

必須保持冷靜。

我打開廣播，料理手邊的黑鮪魚，用香茅當作配料。阿黛兒和當天的哲學家剛結束節目，現在是整點新聞。報導中提起俄國情報單位不擇手段的伎倆，記者表示這些格別烏繼承人善用一些屢試不爽的手段而且毫不手軟，就像是黑資料。我聽見自己的名字，立刻豎起耳朵：「伊爾庫茨克法協的主任就曾遭到陷害，因為據傳他和當地一位財閥的妻子有親密關係。」比希莫特哈哈大笑，這隻貓有時真令人火大。

等待期間，什麼事都沒發生。

夏末，大使前往中國赴任，成功自保的一干朝臣飛往各自的派駐地，其他人則狼狽地返回法國。新任女大使應該獲悉了我的存在，我心想，就像這裡的白衣女子一樣。她不信鬼神之說，而我也沒機會和她小酌。我成了如假包換的鬼魂，擁有虛幻的輪廓外型，再也沒有人可以看見我。使館人員還是每週給我送一次飯，應該是迷信的緣故。

半夜兩點，我在中庭碰到一位新來的憲警，他和我一樣也在抽菸。

「您是套房A的嗎？」

「是啊。」

「瞭解。」

我突然想到自己在逃亡的過程中失去了一切，幾乎沒剩下什麼東西。我還保存著獄中的薄荷綠作業本，但剩下的文字紀錄都遭到沒收。伊爾庫茨克調查委員扣押了我的數位生活，包括我的照片、我的訊息都被鎖在某個骯髒的房間裡，或是早就被銷毀了。

我寫下的那些小字條也是同樣下場。我這輩子只有在入獄的那七十一天，還有入住精神病院期間，曾經養成每天寫日記的習慣，但是我一直以來都會在小紙板、破紙巾、地鐵車票上寫些東西，也會在筆記本上記錄點點滴滴。人物的速寫、風雅的情話、乍現的文采、感傷的詩句、淫穢的故事、格言警句等等，任何可能被記憶輕縱的重要話語，以及記憶繞過文字所留下的那些感覺。所有記錄下來的語篇最後塞滿了我放在床底下的一只大皮箱。我淪落西伯利亞黑牢的幾天後，幾名驚慌友人因為擔心警方再度搜索，於是偷偷進到我的公寓。可以想見那種翻箱倒櫃、如同戰場的景象。瑪歌已經帶著狄安娜逃離。友人決定銷毀皮箱連同裡頭不知所謂的廢紙，擔心不老實的警察從裡頭翻出可能連累我的證據。這些小字條浸泡在浴缸裡，然後攪爛成幾大坨紙漿團扔進垃圾筒。只有我在乎這些微不足道的小東西，難以割捨是我的問題，但我卻可笑地無法釋懷；那是種剜肉的痛楚。

「這些手稿不會溺水，也不會被燒傷。」比希莫特安慰我，為我斟了一杯陳年李子酒。

法國國慶日當天，管家前來通風報信，表示使館走廊上有人對我的處境竊竊私語，就像在談論白衣女子一樣。在使館裡待了將近一年，我的存在已經是公開的祕密；情勢變得十分危急。俄方嚴正警告：只要這件事被公開，大使館就等著被聯邦安全局包圍。到時候我就算插翅也難逃，註定一輩子披著睡袍在館內遊蕩，肩上窩著一隻愛說笑的胖黑貓，胳膊上還攀著一名沉默的白衣女子。

還有另外一個警訊。貝芮妮斯和瑪歌告訴我有個記者在調查我的下落。頑固的崔斯坦．W無視外交部的警告著手調查。他專程遠赴伊爾庫茨克明察暗訪，甚至在凡爾賽舉行的記者會上，當著俄法兩國總統的面公然大喊我的名字。當時如果讓他提問，肯定會提到黑資料和克里姆林宮主人的骯髒伎倆。他揭露了對付我的毀滅性手段，剖析它粗糙又高明的運作方式；他知道我藏在哪裡但沒有公開。我主動聯繫他，彼此交換幾條加密訊息。他想要錄下我的現身說法，在電視的長篇報導中播放，後果由我自行承擔。不過，他認為沉默才是禁錮我的牢籠。我答應他，但是播放的時間由我決定。過去幾個星期，我一直在學習判讀衛星地圖，識別森林、地形起伏、湖泊和溪流；我研究走私的路線、熊的棲息地；我標記出偏僻山村、旅遊景點還有邊防部隊的巡邏路線。

我受夠了拖延，我受夠了煎熬，夠了！那些樂天豁達的作戲，外交圈的丑角，荒腔走板的部會，還有大使館糟糕的伙食，夠了！關鍵時刻來到眼前，你得抓住它的頭髮，就是今晚。就讓他們在我身後放狗，我才不怕。拜託，我才是狗，而且是個幽靈。就讓他們把我關個十五年，讓他們放狗咬我、射殺我，如果這樣才能保住名譽，粉身碎骨我也不在乎。藍道夫重新復職，我繼續未完的旅程。

24

／

邊境

各位聽過詩人歌手弗拉基米爾・維索茨基的〈獵狼〉嗎？它是一九七〇年代的經典歌曲，據說格別烏對此非常感冒。歌曲描述獵捕的過程。孤狼知道自己腳筋斷裂，雪地上都是血跡，而且樹上掛著裝飾有小紅旗的長繩。狼群一般不敢越過這條帶有人類氣味的虛幻邊境；牠們總是會停在這條屏障前，然後遭到殺害。這一次，野獸被逼到了牆角，成為暴力的化身。第一次，牠在獵人的呼喊中越過邊界：

「我奔跑，遠離對旗幟的一切服從，求生的渴望如此熱烈！我聽見身後傳來眾人錯愕的叫喊，太痛快了。」

「讓我來！讓我來發號施令。」窩在藍道夫肩上的比希莫特非常堅持。

「快逃！」

十一月風和日麗，一名西裝筆挺的男子穿越中庭。他留著衛隊老兵帥氣的八字鬍，戴著一副煤灰色小眼鏡和一頂無邊軟帽。他通過安檢門，沒有人知道他是怎麼辦到的。下午六點，夜幕降臨。密密麻麻的人群快步湧入地鐵、公車站和電車站。藍道夫喜出望外，他已經很久沒有看到萬頭攢動的人潮，這比出獄當天的那片天空更叫人激動。人行道十分寬闊，城市的燈火親切可人。他像是第一次一樣認真地呼吸，一顆心激動莫名。一輛計程車在等他。藍道夫傳了一條訊息，告訴姐姐他孤注一擲，很快就可以自由了。他已經自由了。計程車在莫斯科的九個火車站之一停了下來，手機被丟在座位底下；這已經成了一種習慣。藍道夫消失在夜色裡。

晚上七點三十分，我們知道他正往波爾沙雅和薩多瓦亞街走去。幾週之後，在檢視攝影機畫面的時候，可以看見他提著一個小塑膠袋，裡頭是剛買的三支手機和幾張ＳＩＭ卡。畫面中，他進入十號，之後會看到他步出三〇二號之一的咖啡館，而且不是單獨一人。

藍道夫走向小咖啡館。拜社群網路之賜，他知道裡頭坐著一名女子。網路公告了詩歌朗誦會，女子透過臉書表示自己將會出席。他隔著玻璃窗看見預料之中的紅色捲髮。他推開門，一雙融合澳寶石和木樨綠的眼珠望向他。瑪塔睜大了眼睛，以為自己在作夢；藍道夫的眼神放肆張狂。兩人凝視彼此，不發一語，但手碰在了一起。

沒人知道他們說了什麼。

但可以想見在波爾沙雅和薩多瓦亞街十號的第五十號公寓裡上演的場景。只要你願意，並不難想像藍道夫沿著瑪塔的腿褪下那條百褶裙時的表情。底褲會接著滑落，他會將臉埋進她的雙腿之間。兩條腿現在攤在床上，向外敞開。舌頭遊走在她獻出的每一處細微皮褶。那是一枚柔軟的果肉，飽滿又纖細，上頭有個令人想要啄食的懸垂珍寶，柔嫩細緻，有甜甜的米飯香——第一次的時候他曾對此感到驚訝。很明顯，瑪塔正蠻橫地要他進入她體內。他十分聽話，她極力討好。他被夾纏著，並如願佔有了她。臀部隨著甜言蜜語顫抖，紅色捲髮輕撫著愛人的前額，她的乳房與他的胸毛廝磨。她向他呢喃著那句口頭禪，很久以前，恍如隔世：「看著我的眼睛。」她看見了他真實的笑容，肉體的交纏摧枯拉朽，面具在純粹的汗水中消融。

瑪塔心意已決，堅持要陪他前往邊境。中午時分，她照常外出上班，大衣裡多了一支手機。藍道夫在莫斯科街頭消磨了一整天，準備好所需裝備，森林在召喚他。每個投注過來的目光，都會令他感到一陣忐忑，心跳凝結；每個舉手投足他都謹慎拿捏。監視攝影機的畫面拍到他坐在長椅上，夜幕降臨在主教池塘。一艘小船在轉為漆黑的水面上滑行，可以聽見划槳的拍水聲和一名女子的笑聲。天邊是白色的月亮，描著美麗的輪廓。藍道夫起身，前往波爾沙雅和薩多瓦亞街十號。今晚他一個人睡。

隔天是週六，藍道夫和瑪塔約好了早上八點。八點二十分，監視畫面拍到兩人走出克魯泡特金地鐵站。八點二十五分，他們來到基督救世主大教堂前，坐上一輛汽車，是透過BlaBlaCar應用程式預訂的一趟旅程。八點三十分，他們離開莫斯科，一路上沒有任何臨檢；十一月四日是國定假日，人民團結日。

普斯科夫，人口二十萬八千一百四十五人。一九一七年三月二日，俄國末代沙皇尼古拉二世在這裡退位。時間是下午六點，氣溫攝氏四度，與愛沙尼亞接壤的邊境在四十公里外。瑪塔自己搭上一輛計程車，在前方開路，藍道夫跟在她後面，彼此相距幾公里。他們先後抵達一間民宿，事前已經訂好了一間房。兩人扮演各自的角色。

大廳裡只有三位來自聖彼得堡的遊客，他們邀請兩人同桌用餐。寶琳娜彈著吉他，大家舉杯祝酒，規劃明天的行程；可以一起到森林走走，採集菌菇。大家都很想去打獵，但是這一帶禁止攜帶槍械。所有人安靜下來，寶琳娜開始歌唱，歌聲在室內蔓延，佔據了身體。如同嘆息的吟唱傾訴著絕望的愛戀，只能淡然地接受一切。大家的眼神交會、游移，空氣裡彷彿有心跳的脈動。

晚上十一點左右，兩名同夥走出令人通體舒暢的三溫暖，回到自己的房間。民宿裡的人都睡了。藍道夫的身體像塊冰，雙手冰冷，覺得肚子不舒服，不安的情緒蔓延開來。瑪塔注意到了，呢喃了幾句激勵人心的甜言蜜語，她安撫說：「我的小太陽，我的靈魂，我的寶貝男孩。」在她用心的愛撫下，冰塊消融了。瑪塔說出一句電影台詞，要他做好準備：「我要和你做愛，就像這是最後一次。」午夜時分，她脫下衣衫，兩個人都笑了。

半夜兩點，藍道夫傳了一條訊息給貝芮妮斯；一張簡略的地圖和村莊的名字。他走進森林，邊界在十二公里外，也許還不到。他毫無底線、冷酷無情，此刻他是自己主宰，準備好對付那些將他軟禁將近三年的傢伙，準備好孤注一擲，準備好從容就義。密森森的樹枝幾乎讓他看不見天空，籠罩他的夜色是有利的掩護，茂盛的植被是保護的外衣。他找到了第一條小徑，之前的判斷沒錯，衛星地圖有保佑！他這才感到安心。一隻鳥兒驚擾了樹叢，藍道夫在黑暗中突然低聲脫口說出：「嘿！你好，烏鴉先生！」沒有回答。一切都非常順利，他重複說著，非常順利。GPS發揮了作用，他的右手緊緊抓著它；他的左手則緊握一把匕首，刀柄上還固定一支燈光微弱的手電筒。他開始奔跑，就像龜兔賽跑裡的兔子，而他的腦海裡有人在唱歌。

他做過功課，這一帶熊跡罕至，人類才是需要提防的對象。俄羅斯和愛沙尼亞對邊界的劃定意見分歧，邊防衛隊絕不吝於放出攻擊犬或開火。

有很長一段時間，一切都進行得很順利，就像是在夢裡一樣，或者你也可以說像是在夢昇華之後的文學裡。沒多久，小徑發生了變化，逐漸隱沒消失。藍道夫現在走進一片茂密的矮樹叢，迷失了方向，他立刻掉頭折返。此刻他需要的是一把柴刀而不是匕首；灌木叢拖慢了他的腳步。再快一點！必須趕在天亮前越過邊界。他靠在樹上，喝了一口水，啃著穀物棒，沒有人可以聽見他的咒罵。但邊界其實就在不遠的地方；在那裡，藍道夫，就在你的眼前。

他在喬木林下奔跑，沿著參天大樹林立的夾道，樹冠連綿形成一道凱旋門。他的動物本能感覺到暗處有東西。濃密的矮樹叢傳來騷動，在他的右邊在他的左邊。他站在原地不動，把頭縮回去，蹲低身子並豎起耳朵。他將手電筒微弱的光線照向樹叢。四下寂靜無聲。他重新趕路，四周又傳來動靜，右邊然後是左邊，可以聽見有東西在喘息和低鳴。他加快腳步，樹枝劈啪作響，有東西在追著他。他戛然停下腳步，一隻神話中的動物突然現身在他眼前的小徑上。灰狼停在原地，轉過頭看他，一雙燐光閃閃的眼珠充滿疑惑。牠打了個呵欠便跑開了。

藍道夫心想自己正在一則俄羅斯的童話裡漫步。那匹狼並沒有把他揹在身上，但此刻就像有股難掩的喜悅或是一頭野獸承載著他。但我才是那頭野獸，他心想。如果身上突然長出獠牙、灰白的毛皮和尖尖的小耳，他也不會感到驚訝。在距離目標還有兩公里的地方，他腳下的土地突然發生變化；原本柔軟的草地變成了海綿狀的泥炭。他面對的是一大片荒涼的泥炭土壤。他茫然地盯著GPS的螢幕；他沒有正確判讀畫面。在右手邊，他現在才明白，是一條水圳。他現在沒辦法回頭，因為身子已經陷入沼澤之中。在足足兩個小時裡，他不斷尋找出路，泥水又黑又凍直漫到他的腰際。GPS停止運作，他的腳卡在樹木錯雜的盤根裡。他的雙手攪動泥水，匕首從手中滑落。他完全無法掙脫。這世界頓時成了一大坨令人作噁的淤泥。藍道夫聽見一位五歲女童的尖叫聲。再過幾個星期，她就八歲了。他從口袋裡掏出潮溼的碎紙屑，那原本是用紙摺成的一條船。他喘著大氣，放聲叫喊，雙眼因為憤怒和驚恐而睜大。

然後，他感受到了平靜、寒霜和貝加爾湖。沼澤裡再也沒有任何動靜。感覺很漫長，但也許是錯覺。沒人知道藍道夫是否預見了自己的骨肉皮囊在黑泥水裡腐爛的模樣。突然間，他覺得自己不冷了。他脫下溼透的手套，抓住了某樣東西，某樣跨越數百年而來的東西。他用那破碎的嗓音吟詠著：

在我們身後存活的人類兄弟，
不要對我們鐵石心腸，
因為，如果您憐憫我們可憐人，
上帝也會早日垂憐於您。

讀完三段十行詩和詩跋之後，他啃了一片巧克力。他奮力掙扎，在泥淖中前進，終於走出了沼澤地。擺脫困境的他並非孤單一人，他身後還依序跟著三縷幽魂：手握匕首的弗朗索瓦・維永、騎在狼背上的拉封丹，以及一隻擺臭臉的胖黑貓。比希莫特一躍而起，攀附在這名逃犯的左肩。

突然，風景驟變，令人難以置信：一大片倒塌的樺木林堆出現在眼前。藍道夫攀爬其間，數度打滑又爬起，然後堅持下去。現在能讓他罷手的，只有比他更加野蠻的東西：死亡。他掏出指南針，往西邊走去。在這最漫長的三十分鐘裡，他在高草叢裡毫無遮掩地前進。他的心劇烈跳動。他經過一處木材搭建的瞭望塔，上面沒有人，他也沒有逗留。眼前出現他預料中的溪流，就在成排的落羽松之後。他跳進清澈的溪水中，彼岸有個招牌寫著愛沙尼亞邊界。有某樣東西攔住了他，將他給淹沒。

他最後一次凝望著俄羅斯。

25

後記：狄安娜出現的地方

弗拉基米爾·納布可夫在一次以法語進行的專訪中表示：

「在我看來，藝術家和間諜之間唯一的相似之處，在於兩者都在觀察事物和人，而且知道細節的重要性；一切都藏在細節裡。」

「我們邀請到尤安・B來到本節目。晚安！謝謝您接受我們的獨家專訪。您逃離了俄羅斯並於昨晚返抵法國，請和我們分享這個不可思議的過程。」

現場都是攝影機但不再有監視人員。這則報導依約定在《特派員》節目中播出。崔斯坦・W容光煥發。節目最後，艾麗茲・L問了我幾個問題。

燈光從高處打在我身上，非常白的光線，但四周是一片漆黑。現場可以是一片湖泊，而我是一條魚。身形優美的海豹一臉憨呆地在我身邊泅游，牠們並不想吃掉我。牠們會潛到更深的地方去尋找貝湖油魚。那些美味的小魚模樣嚇人，身軀呈現半透明，都是淺白色的脂肪，頭大且魚身無鱗片。這種魚因為飽含脂肪，以至於暴風雨將牠們捲上旱地之後，幾小時內就會在陽光下消融。牠們是十足的肉食魚種，會輕易吞食自己的後代；牠們的構造無懈可擊，以至於每天繁衍的數量和死亡的數量相當；據說牠們在貝加爾湖的數量比湖中所有的生物加起來還要多。

想到自己再也沒機會嘗到煙燻貝湖油魚，不免有些難過。

現在該回答艾麗茲・L的問題了。我該說些什麼？應該回答文學將人生昇華為比文學更精彩的至美時刻才是最要緊的事？還是我跨越一片黑壓壓的泥沼，手裡拿著弗朗索瓦・維永的匕首，身後還有個名叫比希莫特的肥貓跟班；牠總是和我形影不離，只要睜大眼睛應該就可以看到牠。牠就在我的左肩上，一個貼心的搞笑傢伙，從來不會坐在我的疤痕上；我是在韃靼人之鄉得到的傷疤。當時我在喝藥草飲，後來狠狠教訓了一張臉，但您必須理解，這是我在蹲過苦牢、待過精神病院之後。在那一刻，我以為自己是帕西法爾、鐘樓怪人、伯圖里亞的朱迪斯和史塔克姐妹。我扯遠了，不好意思。我長話短說，不然來說說貝加爾湖好了。貝加爾湖症候群，您有聽說過嗎？

我就只談到一些大家聽得進去內容；凡是無法言說的，必須訴諸文字。

採訪結束後，我們在燈光下待了一會兒，麥克風和攝影機都已經關機。我謝過崔斯坦・W；他投入數個月的時間爬梳內容荒腔走板的起訴案卷，一路追查線索並將片段真相公諸於世。我之所以能在手段卑鄙的黑資料機器輾壓下僥倖存活，都要感謝他和支持我的親友。我的運氣很好。艾麗茲・L離奇激似我在精神病院認識的院長；兩人眼裡都流露著拘謹的淘氣，相同的瞠目瞪眼，以及如出一轍的聲調變化。艾麗茲對流氓老闆毫不留情，外頭都這麼流傳，這些人非常怕她哪天帶著攝影師、收音師和一大疊罪證確鑿的資料，闖進他們的辦公室裡。據說，有些政客會在噩夢中聽見她的聲音。她的臉沐浴在光輝中，我像是面對一位守護女神、一名如假包換的女戰神，但她卻擁有撫慰人心的力量。有一瞬間，我猶豫該不該請她幫忙，她肯定知道如何像斯韋特蘭娜・基里洛夫娜那樣，在通往瘋人院的門前看顧，讓我沉入幸福的夢鄉，確保我安然入睡。

「您知道嗎？」她說，「人們一直在想，您應該是一位情報人員，而且總忍不住這麼揣測，畢竟調查中有一些證據……」

「如果屬實，那法國情報單位就太神啦！」頑固崔斯坦接腔，雙眼頓時發出光芒，「而且沒有人知道發生了什麼事，這實在是令人佩服的高超手法！」

如此包裝起來的故事很吸引人，但這不是我的故事；我不賣弄那些未經證實的虛構情節。所有人都笑了，這樣的答案當然永遠無法令人滿足。「那又該如何解釋俄國情報單位的窮追猛打？」艾麗茲・L仍繼續追問。

我們怎麼會淪為一隻逃亡的困獸，而且讓國際刑警組織在一百九十四個國家發布紅色通緝令？

我想科恩兄弟的一部電影可以提供更完整的答案。在《布萊德彼特之即刻毀滅》片尾，美國中情局的探員處理掉兩具屍體，讓一名男子陷入昏迷並將另一名遣送至南美洲，但卻無法說明為什麼。這些糊塗蟲做出一連串瘋狂的決定，但卻對自己助紂為虐的體制一無所知。說穿了，這背後其實沒有任何厲害算計，除了事關他們的烏紗帽和舉止荒誕的監視行動。這場鬧劇已經完結，觀眾大呼過癮，剩下最後的對手戲。兩名情報單位主管為作品畫下了完美句點：

「真他媽的！」

「是啊。」

「我們從這當中學到了什麼？」

「我不知道，長官。」

「我也不知道，真該死！我想我們現在知道不應該再這樣做了。」

「是的，長官。」

「但是我無法交代我們幹了什麼好事。」

「是的，長官，這很難啟齒。」

「真他媽的！」

幾個月後，瑪塔遭到逮捕。我並不意外。她選擇攜帶私人手機前往邊界，行蹤自然無所遁形。調查人員立刻告訴她，我返回法國時召開了記者會。我的各項聲明都經過翻譯和仔細檢視。我向俄國聯邦安全局放話，他們也收到了：如果影子軍團和我一樣希望一切在沉默中落幕，就別去打擾我的朋友。我會採取行動保護他們，只要有人遭到追究，我不會保持沉默。他們聽見了。瑪塔可以放心，沒有人會找她麻煩。這些人只是想要弄清楚，確認法國情報單位沒有在背後插手這場大逃亡，因為我究竟是何方神聖？讓我們心平氣和，以互信為前提，共同釐清幾個地方，好嗎？他們不認同伊爾庫茨克的同事，這些人得為這個爛攤子負責。他們的水準比這些人高多了，他們可是白臉。當然，瑪塔獲釋了。您可以自願合作……也可以被關進牢裡，反正我們總會找到把柄，那就太可惜了。

而瑪歌也不該在我逃亡那天前往莫斯科，但這完全是巧合，她不知道我的計畫。巧合並不存在，她因此遭到訊問。瑪歌告訴我，聯邦安全局的白臉們很不情願地介入這起棘手案件，對於他們始終弄不明白的驚天逃亡瞠目結舌；他們就像是經歷了一場惡作劇。她建議我去看某部電影，就可以明白這些人的窘樣。在經過我的指點，釐清令他們感到困惑的地方之後，調查人員向瑪歌播放當天我離開大使館的畫面。瑪歌指認了我，他們才心滿意足。瑪歌在電話裡嘲笑我模樣可笑的八字鬍。

在兩名女大使的協助下，我在一個陌生國家與俄方進行一次對話。我向安全局探員詳細交代逃亡經過，穿越邊界的出入點，提供一份完善報告所必須具備的所有要點。交換條件是他們承諾網開一面，除了我之外，司法調查不會涉及其他人士。至於第一次出逃的過程，我隻字未提，他們也並不堅持。

瑪塔告訴我有個疑問始終困擾著俄國高層，我對此十分意外：「您知道他有沒有出書的打算？」俄方一再表示關切，我則滿心歡喜。這些人果然有些文學修養，懂得對文字的影響力表示敬畏。

俄國安全局還幫了我一個大忙：他們封存了我的檔案資料並進行水銷。我自由了，沒有前科的束縛，也擺脫了他們無用的伎倆。我徹徹底底地洗白了。

在六四五號舍房期間，獄方有天送來一疊薄荷綠小學生作業本。我隨手拿起一本，在封面上寫下標題：在西伯利亞的黑牢裡。

我必須做個了結，狄安娜在呼喚我。她知道我寫的東西和一般埋首寫作的作家不同；我筆下沒有任何虛構的情節。她能理解，但有一個要求——我曾問她是否同意在書中透露她的名字，她考慮了很久，然後提出這個想法：她希望在書中叫做狄安娜；簡單又好聽的名字。最近她讀到一個故事，有個充滿自信和力量的狄安娜，不會受到任何人欺騙，她奮勇殺敵，足跡遍布森林，並與野生動物一起生活。

神話和名字是所有人的財產，每個人都可以恣意在那奇幻的冒險中優游。我們熟讀神話故事，一再感受那令人難解的經歷，那也是屬於我們和其他人的生活。其中的每一句話都是忒勒福斯的長槍，它劈開傷口，再以鐵鏽為藥癒合創傷。人總是能想出辦法；有千言萬語，就有千萬種對策。

狄安娜用眼神牢牢地抓緊我，而此刻，我相信我的目光也正緊摟著她。當情溢乎詞的時候，還有留存在皮膚上的記憶。她將頭枕在我的肚子上，就像從前一樣，就像她誕生的那一天。她摸索著我的臉，少了一點鬍鬚，她記憶中的鬍鬚更濃密。她仔細觀察藍道夫假面所殘留的痕跡，趕跑了我肩上的比希莫特。她偶爾會想起貝加爾湖；是該說說那一片湖泊，不可以忘記。

我們可以從這開始，狄安娜，妳覺得呢？從前有個和國土一樣大的湖泊，人們都叫它貝加爾。

國家圖書館出版品預行編目 (CIP) 資料

我在西伯利亞的監獄 / 尤安 · 巴爾貝羅 (Yoann Barbereau) 著 ; 范兆延譯 . -- 初版 . -- 臺北市 : 遠流出版事業股份有限公司 , 2021.04
面 ; 公分
譯自 : Dans les geôles de Sibérie.
ISBN 978-957-32-8993-7(平裝)
1. 巴爾貝羅 (Barbereau, Yoann) 2. 回憶錄 3. 報導文學

784.28 110002912

我在西伯利亞的監獄

作　者｜尤安・巴爾貝羅
譯　者｜范兆延
副總編輯｜簡伊玲
企劃編輯｜林婉君
美術設計｜王瓊瑤

發 行 人｜王榮文
出版發行｜遠流出版事業股份有限公司
地　址｜臺北市南昌路 2 段 81 號 6 樓
客服電話｜02-2392-6899
傳　真｜02-2392-6658
郵　撥｜0189456-1
著作權顧問：蕭雄淋律師
ISBN 978-957-32-8993-7

2021 年 4 月 01 日初版一刷
定價 新台幣 390 元（如有缺頁或破損，請寄回更換）

YLib 遠流博識網
http://www.ylib.com
Email: ylib@ylib.com